学校质量管理信息系统开发 应用 ISO9001:2008 标准

林珊君 著

东华大学出版社

图书在版编目(CIP)数据

学校质量管理信息系统开发应用 ISO9001:2008 标准/林珊君
著. —上海:东华大学出版社,2013.8
ISBN 978-7-5669-0346-4

Ⅰ.①学… Ⅱ.①林… Ⅲ.①高等学校—学校管理—质量
管理体系—国际标准 Ⅳ.①G647 - 65

中国版本图书馆 CIP 数据核字(2013)第 189293 号

责任编辑 谭 英
封面设计 唐 彬

学校质量管理信息系统开发
应用 ISO9001:2008 标准
Xuexiao Zhiliang Guanli Xinxi Xitong Kaifa
Yingyong ISO9001:2008 Biaozhun

林珊君 著

东华大学出版社出版
(上海市延安西路1882号 邮政编码:200051)
新华书店上海发行所发行 常熟大宏印刷有限公司印刷
开本:787mm×1092mm 1/16 印张:16.25 字数:420千字
2013 年 8 月第 1 版 2013 年 8 月第 1 次印刷
ISBN 978 - 7 - 5669 - 0346 - 4/G · 153
定价:35.00 元

内 容 提 要

根据教育组织的特点,特别是教学管理贯彻实施 ISO9001:2008 标准的要点,说明对教育资源实施有效的管理,策划科学的教育服务过程,并对顾客(学生、家长和用人单位)满意度、教育服务过程实施有效的测量和分析,并在持续的发展过程中不断加以改进和完善。本书以管理信息系统开发的思想,阐述系统设计、系统分析、程序设计、系统实施、系统评价、系统维护的全过程以及计算机功能界面的链接;以文件的形式形成质量管理体系基础框架,建立教学质量管理体系的过程模式,以高等院校教学质量管理体系要求为示例,应用 ISO9001:2008 标准,展开了高等院校教学管理运作的全套质量管理体系文件,包括质量手册、程序文件、作业文件、质量记录等,给以直接使用操作。

前　言

　　教育与国际接轨不是单纯的专业接轨和课程接轨,重要的是要在管理机制上实现学校教育与国际接轨,而最切实有效的途径就是贯彻实施 ISO9001 国际质量管理体系标准。

　　根据 ISO9001 标准对学校进行贯标的过程,就是为院校诊断把脉、发现问题、提出对策、提高管理水平和教育教学质量的过程。院校进行 ISO9001 贯标,有利于树立新的教育服务观;有利于规范院校教育质量评价和教育质量管理,提高院校知名度;有利于强化院校质量保证意识;有利于提高院校的市场竞争意识;还有利于维护教育消费者的合法权益。

　　根据 ISO9001 的要求将教育质量管理体系文件化,制定出正确的质量方针和质量目标,方针和目标应体现出以顾客(学生、家长和用人单位)为关注焦点的新理念。以文件的形式形成质量管理体系基础框架,对教育资源实施有效的管理,营造适宜的教育环境,创造良好的教育信誉,策划科学的教育服务过程,并对顾客（学生、家长和用人单位）满意度、教育服务过程实施有效的测量和分析,在持续的发展过程中不断加以改进和完善,把教育机构的质量管理体系的特性寓于 ISO9001 的质量管理体系的共性之中。

　　本书运用管理信息系统思想,全面介绍了学校质量管理信息系统开发应用 ISO9001：2008 标准,介绍了系统开发的设计与分析的思想方法,理论与实际开发相结合,涉及到开发过程中的系统实施、系统评价、系统维护以及计算机功能界面的链接,注重系统性、逻辑性。以教学质量管理文件为示例,指导教学管理应用 ISO9001：2008 标准全过程,实际运用中还可以根据具体情况补充程序文件和作业文件。按照 ISO9001 第四版 ISO9001：2008 取代第三版 ISO9001：2000,文件编制由 A 版改成 B 版,修改状态由 0 改成 1。

　　本书突出了以下几点:

　　第一,理论性。根据学校教育的特点,贯彻实施 ISO9001：2008 标准的要点,对建立实施质量管理体系的步骤方法用质量管理体系文件的要求表示。

　　第二,实用性。以学校的教育服务为主体,介绍了教育服务运作管理的基本模式,具有可操作性。

　　第三,标准性。以 ISO9001：2008 标准为主线,展开了学校教学运作的全套质量管理体系文件,包括质量手册、程序文件、作业指导书、质量记录等,以符合标准要求,具有较强的指导性。

　　本书对教育管理者、办学人士以及教育工作者有参考价值。

　　本书的出版,得到了学院领导的大力支持,在此表示诚挚的感谢;东华大学出版社同志的辛勤劳动促成本书顺利出版,对他们一丝不苟的敬业精神表示敬意;对参考文献的作者谨表谢意。

　　本书中不足之处,欢迎各位读者和同仁给予指正,共同探索。

作　者

2013 年 5 月

目　　录

第一章 教育组织质量管理体系标准实施指南

第一节 ISO9001:2008 标准简介

ISO 国际标准化组织国际标准,ISO9001:2008 代替 ISO9001:2000《质量管理体系 要求》(Quality management systems — Requirements)2008 年 11 月 14 日发布,2008 年 11 月 15 日实施。

国际标准化组织发布 ISO9001:2008《质量管理体系 要求》,标准由引言、正文及附录三部分组成。

引言部分包括了四个条款,即 0.1 总则、0.2 过程方法、0.3 与 ISO9004 的关系和 0.4 与其他管理体系的相容性(各条款内容见本章第二节)。

正文部分分为八章:1 范围、2 引用标准、3 术语和定义、4 质量管理体系、5 管理职责、6 资源管理、7 产品实现、8 测量、分析和改进(各条款内容见本章第二节)。

附录部分为附录 A 及附录 B 两部分(附录 A 与附录 B 本书略),附录 A 与附录 B 均是提示的附录,供参考用。附录 A 是 ISO9001:2008 与 ISO14001:2004 标准之间的对照;附录 B 是 ISO9001:2008 对照 ISO9001:2000 标准的变化。

一、ISO9001:2008 目录

1 范围
1.1 总则
1.2 应用
2 引用标准
3 术语和定义
4 质量管理体系
4.1 总要求
4.2 文件要求
5 管理职责
5.1 管理承诺
5.2 以顾客为关注的焦点
5.3 质量方针
5.4 策划

二、ISO9001:2008 前言

国际标准化组织(ISO)是由各国标准化团体(ISO 成员团体)组成的世界性的联合会。制定国际标准工作通常由 ISO 的技术委员会完成。各成员团体若对某技术委员会确定的项目感兴趣,均有权参加该委员会的工作。与 ISO 保持联系的各国际组织(官方的或非官方的)也可参加有关工作。ISO 与国际电工委员会(IEC)在电工技术标准化方面保持密切合作的关系。

国际标准遵照 ISO/IEC 导则第 2 部分的规则起草。

技术委员会的主要任务是制定国际标准,由技术委员会通过的国际标准草案提交各成员团体投票表决,需取得至少 75％参加表决的成员团体的同意,国际标准草案才能作为国际标准正式发布。

本国际标准文件中的某些内容可能涉及一些专利权问题,对此应引起注意,ISO 不负责识别任何这样的专利权问题。

ISO9001 由 ISO/TC176/SC2 质量管理和质量保证技术委员会质量体系分委员会制定。

2

ISO9001 第四版取代第三版 ISO9001:2000,修正和澄清了要点,并增强与 ISO14001:2004 的兼容性。

附录 B 中给出了第三版和第四版之间的详细变化。

第二节　教育组织实施 ISO9001:2008 标准要点

ISO9001:2008 标准适用于所有的组织以及组织所提供的各类产品。因此,教育组织在实施 ISO9001:2008 标准时,要结合本行业本组织的特点,正确地理解与实施 ISO9001:2000 标准中的各条款。

以下对 ISO9001:2008《质量管理体系　要求》的各条款逐一列出,阐述其实施要点,使教育组织在建立符合 ISO9001:2008 标准的质量管理体系时,能正确理解和实施本标准。

表 1.2.1　ISO9001:2008《质量管理体系要求》

ISO9001:2008《质量管理体系　要求》			实 施 指 南
条款号	名称	内　　容	
	引言		
0.1	总则	采用质量管理体系应当是组织的一项战略性决策。一个组织质量管理体系的设计和实施受以下方面影响: a) 组织的内外部环境、环境的变化和与环境有关的风险; b) 各种需求; c) 具体的目标; d) 所提供的产品; e) 所采用的过程; f) 组织的规模和结构。 本标准的意图不是统一质量管理体系的结构或文件。 本标准所规定的质量管理体系要求是对产品要求的补充。"注"是理解和澄清有关要求的指南。 本标准能用于内部和外部(包括认证机构)评价组织满足顾客、适用产品的法律法规和组织自身要求的能力。 本标准的制定已经考虑了 ISO9000 和 ISO 9004 标准中所阐明的质量管理原则。	是否采用质量管理体系标准可由组织自愿地作出战略性决策。学院的最高管理者应给予充分的理解和重视。

ISO9001:2008《质量管理体系 要求》			实 施 指 南
条款号	名称	内　　容	
0.2	过程方法	本标准鼓励在建立、实施质量管理体系以及改进其有效性时采用过程方法,通过满足顾客要求,增强顾客满意。 　　为使组织有效运作,必须确定和管理众多相互关联的活动。通过使用资源和管理,将输入转化为输出的一组活动可视为过程。通常,一个过程的输出直接形成下一个过程的输入。 　　组织内诸过程的系统的应用,连同这些过程的识别和相互作用及其产生期望结果的管理,可称之为"过程方法"。 　　过程方法的优点是对诸过程的系统中单个过程之间的联系以及过程的组合和相互作用进行连续的控制。 　　过程方法在质量管理体系中应用时,强调以下方面的重要性: 　　a) 理解并满足要求; 　　b) 需要从增值的角度考虑过程; 　　c) 获得过程业绩和有效性的结果; 　　d) 基于客观的测量,持续改进过程。 　　图1.2.1所反映的以过程为基础的质量管理体系模式展示了4~8章中所提出的过程联系。这种展示反映了在规定输入要求时,顾客起着重要作用。对顾客满意的监视要求及对顾客有关组织是否已满足其要求的感受的信息进行评价。该模式虽覆盖了本标准的所有要求,但却未详细地反映各过程。 　　注:此外,称之为"PDCA"的方法可适用于所有过程。PDCA模式可简述如下: 　　P——策划:根据顾客的要求和组织的方针,为提供结果建立必要的目标和过程; 　　D——实施:实施过程; 　　C——检查:根据方针、目标和产品要求,对过程和产品进行监视和测量,并报告结果; 　　A——处置:采取措施,以持续改进过程业绩。	学院在建立、实施质量管理体系以及改进其有效性时采用过程方法。 　　a) 制定、实施质量管理体系和改进质量管理体系有效性时采用过程方法,目的是通过满足顾客要求,增强顾客满意度; 　　b) 在质量管理体系中应用过程方法时,强调:理解和满足对过程的要求,需要从增值的角度考虑过程; 　　c) 获得过程业绩和有效性的结果; 　　d) 依据客观的测量结果持续改进过程。 　　顾客(学生、家长和用人单位)的要求作为教育服务实现过程的输入,通过教育服务实现过程,将教育服务输出给顾客并使其满意。顾客通过测量分析来评价,评价的结果应反馈到教育组织的管理者,通过履行管理者的管理职责,把顾客满意要求作为管理职责的出发点和归宿点。 　　注:"PDCA"的方法可适用于质量管理体系的所有过程,既适用于产品实现的过程,也适用于采购控制的过程。 　　策划是根据顾客的要求和组织的方针,建立过程的目标,确定过程的方法和准则,确定过程所需的资源和信息; 　　按照策划的结果实施过程; 　　根据方针、目标和产品要求,对过程的参数和过程的结果进行监视和测量,并报告监视和测量的结果; 　　依据监视和测量的结果,采取纠正和预防措施,持续改进过程。

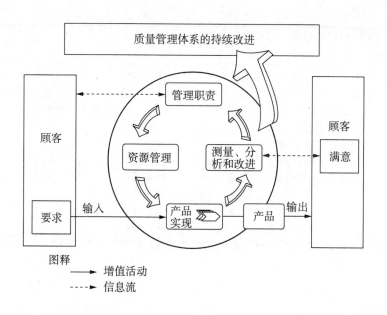

图 1.2.1 以过程为基础的质量管理体系模式

ISO9001:2008《质量管理体系 要求》			实 施 指 南
条款号	名称	内 容	
0.3	与ISO9004 的关系	ISO9000 和 ISO9004 是质量管理体系标准,这两项标准相互补充,但也可单独使用。 ISO9001 规定了质量管理体系要求,可供组织内部使用,也可用于认证或合同目的。在满足顾客要求方面,ISO9001 所关注的是质量管理体系的有效性。 在本标准发布时,ISO9004 正在修订,ISO9004 修订版将为各组织在不断变化、错综复杂的环境中持续稳定地提高业绩和效率而提供指南。ISO9004 比 ISO9001 为质量管理体系提供更宽的关注点,通过组织的体系运行和持续改进,以满足所有相关方的需求和期望。然而,此标准的目的不是供认证和合同使用。	ISO9000 和 ISO9004 已制定为一对协调一致的质量管理体系标准。两项标准都采用以过程为导向的过程模式,具有相似的结构,内容上保持一致。 ISO9001 规定的质量管理体系要求是一个组织为了增强顾客(学生、家长、用人单位)满意的最基本的要求,实施 ISO9001 能够提高学院质量管理体系的适宜性、充分性和有效性。 实施 ISO9004 不仅可以提高组织质量管理体系的适宜性、充分性和有效性,而且可以改进组织的总体业绩和效率。ISO9001 规定的质量管理体系要求可供组织内部使用,也可用于认证或合同目的。ISO9004 无意用于认证或合同目的。

ISO9001:2008《质量管理体系 要求》			实 施 指 南
条款号	名称	内　　　容	
0.4	与其他管理体系的相容性	为了使用者的利益，本标准在制定的过程中，考虑了 ISO14001:2004 标准的内容，以增强两类标准的相容性。 　　附录 A 是 ISO9001:2008 与 ISO14001:2004 的对照表。 　　本标准不包括针对其他管理体系的要求，如环境管理、职业卫生与安全管理、财务管理或风险管理的特定要求。然而本标准使组织能够将自身的质量管理体系与相关的管理体系要求结合或整合。组织为了建立符合本标准要求的质量管理体系，可能会改变现行的管理体系。	组织可以把质量管理体系与组织的其他管理体系融合起来，建立一体化的管理体系。
1	**范围**		
1.1	总则	本标准为有下列需求的组织规定了质量管理体系要求： 　　a) 需要证实其有能力稳定地提供满足顾客和适用的法律法规要求的产品； 　　b) 通过体系的有效应用，包括体系持续改进的过程以及保证符合顾客与适用的法律法规要求，旨在增强顾客满意。 　　注 1：在本标准中，术语"产品"仅适用于预期提供给顾客或顾客所要求的产品，以及任何产品实现过程所导致的预期输出。 　　注 2：法律法规要求可作为法定要求表达。	采用本标准，建立质量管理体系，是学院自身的行为。 　　a) 证实本学院有能力稳定地提供满足顾客要求和适用的法律法规（包括国家各级标准）要求的产品（教育服务）； 　　b) 通过质量管理体系的有效应用，包括质量管理体系持续改进的过程以及保证符合顾客（学生、家长、用人单位）与适用的法律法规要求，旨在增进顾客满意。 　　注 1：本标准中所提及的产品（教育服务）仅适用于预期提供给顾客（学生、家长、用人单位）或顾客所要求的产品（服务）以及任何产品实现过程所导致的预期输出。 　　注 2：法律法规要求可作为法定要求表达。。
1.2	应用	本标准规定的所有要求是通用的，旨在适用于各种类型、不同规模和提供不同产品的组织。 　　当本标准的任何要求因组织及其产品的特点而不适用时，可以考虑对其进行删减。 　　除非删减仅限于本标准第 7 章中那些不影响组织提供满足顾客和适用法律法规要求的产品的能力或责任的要求，否则不能声称符合本标准。	本标准规定的所有要求是通用的，其要求或条文并不针对某一具体行业，适用于各种组织。 　　学院可以根据自身产品的特点和法律法规要求，对标准第 7 章部分进行删减。 　　删减的内容不影响学院提供满足顾客（学生、家长、用人单位）和适用的法律法规要求的产品（教学服务）的能力或责任的要求。

ISO9001:2008《质量管理体系 要求》			实 施 指 南
条款号	名称	内　　　容	
2	引用标准	下列文件中的条款通过本标准的引用而成为本标准的条款。凡是注日期的引用文件，其随后所有的修改单（不包括勘误的内容）或修订版均不适用于本标准，然而，鼓励根据本标准达成协议的各方研究是否可使用这些文件的最新版本。凡是不注日期的引用文件，其最新版本适用于本标准。 ISO9000:2005 质量管理体系 基础和术语	本标准 ISO9001:2008《质量管理体系 要求》中的术语引用了标准ISO 9000:2005《质量管理体系 基础和术语》的条文，并注意引用标准的更改要与应用标准保持统一性。
3	术语和定义	本标准采用 ISO9000 中的术语和定义。 　　本标准中所出现的术语"产品"，也可指"服务"。	本标准 ISO9001:2008《质量管理体系 要求》引用 ISO9000《质量管理体系 基础和术语》中的术语和定义。 　　产品是指"过程的结果"。在此指学院的教育服务。
4	质量管理体系		
4.1	总要求	组织应按本标准的要求建立质量管理体系，形成文件加以实施和保持，并继续改进其有效性。 　　组织应： 　　a) 确定质量管理体系所需的过程及其在组织中的应用（见 1.2）； 　　b) 确定这些过程的顺序和相互作用； 　　c) 确定为确保这些过程的有效运行和控制所需的准则和方法； 　　d) 确保可以获得必要的资源和信息，以支持这些过程的运行和对这些过程的监视； 　　e) 监视、测量（适用时）和分析这些过程； 　　f) 实施必要的措施，以实现对这些过程策划的结果和对这些过程的持续改进。 　　组织应按本标准的要求管理这些过程。 　　针对组织所选择的任何影响产品符合要求的外包过程，组织应确保对其实施控制。对此类外包过程控制的类型和程度应在质量管理体系中加以规定。 　　注1：上述质量管理体系所需的过程应该包括与管理活动、资源提供、产品实现和测量、分析和改进有关的过程； 　　注 2："外包过程"是组织质量管理体系所需的一个过程，但由组织选择的外部方实施。	学院应按 ISO9001 标准要求建立文件化的教育服务量管理体系，认真实施和保持，并持续改进其有效性。 　　a) 识别教育服务质量管理体系所需的主干过程、支持过程、相关过程及其在教育组织中的作用； 　　b) 确定这些过程的顺序和相互作用； 　　c) 确定为确保这些过程的有效运作和控制所需的准则和方法； 　　d) 确保可以获得必要的资源和信息，以支持这些过程的运行和对这些过程的监视； 　　e) 监视、测量（适用时）和分析这些过程； 　　f) 实施必要的措施，以实现对这些过程策划的结果和对这些过程的持续改进。 　　针对教育服务的教材供应、教师外聘等，教育组织应确保对其实施控制。

ISO9001:2008《质量管理体系 要求》			实 施 指 南
条款号	名称	内 容	
		注3:确保控制外包过程不免除组织满足顾客和法律法规要求的责任。应用于外包过程的控制类型和特点可能受下列因素影响： a)外包过程对组织提供满足要求的产品能力的潜在影响； b)共享过程的控制程度； c)通过应用7.4条款获得的所需控制的能力。	
4.2	文件要求		
4.2.1	总则	质量管理体系文件应包括： a) 形成文件的质量方针和质量目标； b) 质量手册； c) 本标准所要求的形成文件的程序和记录； d) 组织确定的为确保其过程的有效策划、运行和控制所需的文件和记录。 注1:本标准出现"形成文件的程序"之处，即要求建立该程序，形成文件，并加以实施和保持。一个文件可包括一个或多个程序的要求，一个形成文件的程序的要求可以包含多个文件。 注2:不同组织的质量管理体系文件的多少与详略程度取决于： a) 组织规模和活动的类型； b) 过程及其相互作用的复杂程度； c) 人员的能力。 注3:文件可采用任何形式或类型的媒体。	学院质量管理体系文件包括： a) 发布教育服务质量方针和质量目标的文件； b) 教育服务质量手册； c) 文件控制、记录、内审、不合格品或不规范服务控制、纠正措施和预防措施等6个方面程序文件； d) 教育服务过程的控制（管理）规范和服务（作业）规范（岗位规范）；和ISO9001标准要求的21个方面记录。
4.2.2	质量手册	组织应编制和保持质量手册。质量手册包括： a) 质量管理体系的范围，包括任何删减的细节与合理性（见1.2）； b) 为质量管理体系编制的形成文件的程序或对其引用； c) 质量管理体系过程之间相互作用的表述。	学院应编制和保持教育服务质量手册。它包括： a) 教育服务质量管理体系的范围； b) 为教育服务质量管理体系编制的形成文件的程序概述； c) 教育服务质量管理体系过程之间相互作用的表述。

ISO9001:2008《质量管理体系 要求》			实 施 指 南
条款号	名称	内　　容	
4.2.3	文件控制	质量管理体系所要求的文件应予以控制。记录是一种特殊类型的文件,应依据4.2.4的要求进行控制。 　　应编制形成文件的程序,以规定以下方面的控制: 　　a) 文件发布前得到批准,以确保文件是充分与适宜的; 　　b) 必要时对文件进行评审与更新,并再次批准; 　　c) 确保文件的更改和现行修订状态得到识别; 　　d) 确保在使用处可以获得适用文件的有关版本; 　　e) 确保文件保持清晰、易于识别; 　　f) 确保策划和运行质量管理体系所需的外来文件得到识别,并控制其分发; 　　g) 防止作废文件的非预期使用,若因任何原因而保留作废文件时,对这些文件进行适当的标识。	学院应编制文件控制程序文件,规定下列内容: 　　a) 文件发布前应得到审核与批准; 　　b) 文件一般每三年修订一次,必要时可提前,但仍需再审批; 　　c) 文件更改与修订状态用"版"、"码"日期识别; 　　d) 文件使用处应获得现行有效文本; 　　e) 文件清晰、正确、易于识别(一般按教育组织标准识别); 　　f) 对相关的法律法规、规章和标准,纳入受控外来文件清单,控制其分发并每半年审核一次其运用性; 　　g) 作废文件一律回收,盖"作废"章,存档文件加盖"保留"章。
4.2.4	记录的控制	应控制所建立的记录,以提供符合要求和质量管理体系有效运行的证据。组织应编制形成文件的程序,以规定记录的标识、贮存、保护、检索、保存期限和处置所需的控制。记录应保持清晰、易于识别和检索。	应编制记录控制程序文件,规定并实施对各类记录的标识、贮存、保护、保存期限和处置的要求。
5	**管理职责**		
5.1	管理承诺	最高管理者应通过以下活动,对其建立、实施质量管理体系并持续改进其有效性的承诺提供证据: 　　a) 向组织传达满足顾客和法律法规要求的重要性; 　　b) 制定质量方针; 　　c) 确保质量目标的制定; 　　d) 进行管理评审; 　　e) 确保资源的获得。	院长应提供下列活动的证据: 　　a) 向各部门传达满足顾客(学生、家长、用人单位)和教育法律法规、规章、标准的重要性; 　　b) 制定教育服务质量方针; 　　c) 制定教育组织与各相关部门质量目标; 　　d) 进行管理评审; 　　e) 确保人力与物力资源的获得。
5.2	以顾客为关注焦点	最高管理者应以增强顾客满意为目的,确保顾客的要求得到确定并予以满足(见7.2.1和8.2.1)。	院长能提供重视和不断提高顾客(学生、家长、用人单位)满意度的证据。

ISO9001:2008《质量管理体系 要求》			实 施 指 南
条款号	名称	内　　　容	
5.3	质量方针	最高管理者应确保质量方针： a) 与组织的宗旨相适应； b) 包括对满足要求和持续改进质量管理体系有效性的承诺； c) 提供制定和评审质量目标的框架； d) 在组织内得到沟通和理解； e) 在持续适宜性方面得到评审。	院长应确保教育服务质量方针： a) 与学院教育服务宗旨相适应； b) 对满足顾客要求和持续改进教育服务质量管理体系有效性作出承诺； c) 提供质量目标的框架； d) 通过例会等方式在职业学院内得到沟通和理解； e) 定期评审其适宜性。
5.4	策划		
5.4.1	质量目标	最高管理者应确保在组织的相关职能和层次上建立质量目标,质量目标包括满足产品要求所需的内容(见 7.1a)。质量目标应是可测量的,并与质量方针保持一致。	院长应确保在学院相关职能上建立可测量的质量目标,如顾客(学生)满意率、升学率、体育达标率、就业率等等。
5.4.2	质量管理体系策划	最高管理者应确保： a) 对质量管理体系进行策划,以满足质量目标以及 4.1 的要求； b) 在对质量管理体系的变更进行策划和实施时,保持质量管理体系的完整性。	院长应确保： a) 为实现质量目标和体系总要求进行策划； b) 在体系变更时,要保持体系完整性。
5.5	职责、权限与沟通		
5.5.1	职责和权限	最高管理者应确保组织内的职责、权限得到规定和沟通。	院长应拟定学院各部门、各级管理人员的管理职责、权限并以文件下达。
5.5.2	管理者代表	最高管理者应指定一名本组织的管理者,无论该成员在其他方面的职责如何,应具有以下方面的职责和权限： a) 确保质量管理体系所需的过程得到建立、实施和保持； b) 向最高管理者报告质量管理体系的业绩和任何改进的需求； c) 确保在整个组织内提高满足顾客要求的意识。 注:管理者代表的职责可包括与质量管理体系有关事宜的外部联络。	最高管理者在学院内指定一人担任管理者代表,履行规定的下列职责： a) 确保教育服务质量管理体系所需的过程得到建立、实施和保持； b) 向院长报告教育服务质量管理体系的业绩和任何改进的需求； c) 确保在整个组织内提高满足顾客要求的意识。 注:管理者代表负责与教育服务质量管理体系有关事宜的外部联系。

ISO9001:2008《质量管理体系 要求》			实 施 指 南
条款号	名称	内 容	
5.5.3	内部沟通	最高管理者应确保在组织内建立适当的沟通过程,并确保对质量管理体系的有效性进行沟通。	院长应确立学院内就教育服务质量管理体系的有效性进行沟通的途径、方式与内容。如: a) 例会; b) 工作联系单; c) 校园网; d) 校报、简讯等。
5.6	管理评审		
5.6.1	总则	最高管理者应按策划的时间间隔评审质量管理体系,以确保其持续的适宜性、充分性和有效性。评审应包括评价质量管理体系改进的机会和变更的需要,包括质量方针和质量目标。 应保持管理评审的记录(见4.2.4)。	院长应主持学院管理评审,对教育服务质量管理体系的适宜性、充分性和有效性进行评审,并保持管理评审方面的记录,如管理评审会议记录、管理评审报告等。
5.6.2	评审输入	管理评审的输入应包括以下方面的信息: a) 审核结果; b) 顾客反馈; c) 过程的业绩和产品的符合性; d) 预防和纠正措施的状况; e) 以往管理评审的跟踪措施; f) 可能影响质量管理体系的变更; g) 改进的建议。	管理评审的输入包括: a) 内审、外审结果; b) 顾客反馈意见; c) 教育(培训)服务过程业绩及服务质量状况; d) 纠正和预防措施采用成效; e) 以往管理评审后的改进措施落实情况; f) 教育服务质量管理评审体系的变更情况; g) 改进建议。
5.6.3	评审输出	管理评审的输出应包括与以下方面有关的任何决定和措施: a) 质量管理体系及其过程有效性的改进; b) 与顾客要求有关的产品的改进; c) 资源需求。	管理评审的输出包括: a) 影响教育服务质量管理体系及其过程有效性改进; b) 与顾客要求有关的教育服务质量改进意见; c) 人力、物质资源需求情况。
6	**资源管理**		
6.1	资源提供	组织应确定并提供以下方面所需的资源: a) 实施、保持质量管理体系并持续改进其有效性; b) 通过满足顾客要求,增强顾客满意。	学院人力、物质资源管理部门应确定提供下列方面所需的资源: a) 实施、保持教育服务质量管理体系并持续改进其有效性; b) 通过满足顾客(学生)要求,增强顾客满意。
6.2	人力资源		

ISO9001:2008《质量管理体系 要求》			实 施 指 南
条款号	名称	内　　容	
6.2.1	总则	基于适当的教育、培训、技能和经验，从事影响产品符合要求的人员应是能够胜任的。 　　注：质量管理体系中承担任务的人员能够直接或间接地影响产品符合要求。	对从事与教育服务质量有关的各类人员应从文化程度、培训、技能和经验上评价，能够胜任工作。
6.2.2	能力、培训和意识	组织应： 　　a) 确定从事影响产品符合质量要求的工作人员所必要的能力； 　　b) 适用时，提供培训或采取其他措施，以获得所需的能力； 　　c) 评价所采取措施的有效性； 　　d) 确保员工认识到所从事活动的相关性和重要性，以及如何为实现质量目标作出贡献； 　　e) 保持教育、培训、技能和经验的适当记录(见 4.2.4)。	教育组织应： 　　a) 确定从事影响教育工作的人员的必要上岗条件； 　　b) 提供培训与措施，满足达到上岗要求； 　　c) 评价培训等措施的有效性； 　　d) 确保教职员工认识其工作的重要性，以及如何为实现质量目标作出贡献； 　　e) 保持教育、培训、技能和经验方面的记录。
6.3	基础设施	组织应确定、提供并维护为达到产品符合要求所需的基础设施。适用时，基础设施包括： 　　a) 建筑物、工作场所和相关的设施； 　　b) 过程设备(硬件和软件)； 　　c) 支持性服务(如运输、通讯或信息系统)。	教育组织应确定、提供并维护下列基础设施： 　　a) 教室、图书室、实验室、运动场等设施； 　　b) 教学仪器、设备、多媒体及软件、计算机系统； 　　c) 供水、供电、电话等支持性服务设施。
6.4	工作环境	组织应确定并管理为达到产品符合要求所需的工作环境。 　　注：术语"工作环境"与达到产品符合要求所需的条件有关，包括物理的、环境的和其他因素(如噪声、温度、湿度、照明或天气)。	学院应对教育服务场所提供所需要工作环境进行管理。
7	**产品实现**		

ISO9001:2008《质量管理体系 要求》			实 施 指 南
条款号	名称	内　　容	
7.1	产品实现的策划	组织应策划和开发产品实现所需的过程。产品实现的策划应与质量管理体系其他过程的要求相一致(见 4.1)。 　　在对产品实现进行策划时,组织应确定以下方面的适当内容: 　　a) 产品的质量目标和要求; 　　b) 针对产品确定过程、文件和资源的需求; 　　c) 产品所要求的验证、确认、监视、测量、检验和试验活动,以及产品接受准则; 　　d) 为实现过程及其产品满足要求提供证据所需的记录(见 4.2.4)。 　　策划的输出形式应适合于组织的运作方式。 　　注 1:对应用于特定产品、项目或合同的质量管理体系的过程(包括产品实现过程)和资源作出规定的文件可称之为质量计划。 　　注 2:组织也可将 7.3 的要求应用于产品实现过程的开发。	教育组织应策划和开发教育服务实现所需的过程。 　　教育组织对教育服务过程进行策划。包括: 　　a) 根据具体产品、项目确定恰当的产品质量目标和要求; 　　b) 对特定产品(新课程、新专业)、项目的策划,规定由谁及何时使用哪些程序和相关资源的一种文件; 　　c) 确定所需要的检查活动和接收准则,如:新课程、新专业开发的评审、验证和确认活动,服务提供活动中的监视和测量活动,产品(教育服务)交付前(毕业实习)的检验、试验活动等; 　　d) 各项记录应能证明过程运行和过程的结果符合各项要求,应考虑这些纪录提供证实的充分性。
7.2	与顾客有关的过程		
7.2.1	与产品有关的要求的确定	组织应确定: 　　a) 顾客规定的要求,包括对交付及交付后活动要求; 　　b) 顾客虽然没有明示,但规定的用途或已知的预期用途所必需的要求; 　　c) 适用产品的法律法规要求; 　　d) 组织确定的任何附加要求。 　　注:交付后活动可包括担保、合同规定的维护服务、回收或最终处置的附加服务等。	学院应确定与教育有关的要求,包括: 　　a) 顾客(学生、家长、用人单位)的要求; 　　b) 顾客(学生、家长、用人单位)虽然没有明示,但必须达到的要求; 　　c) 适用教育服务的法律法规要求等; 　　d) 学院确定的任何附加要求。
7.2.2	与产品有关的要求的评审	组织应评审与产品有关的要求。评审应在组织向顾客作出提供产品的承诺之前进行(如提交标书、接受合同或订单及接受合同或订单的更改),并应确保: 　　a) 产品要求得到规定; 　　b) 与以前表述不一致的合同或订单的要求已予解决; 　　c) 组织有能力满足规定的要求。 　　评审结果及评审所引起的措施的记录应予保持(见 4.2.4)。	与教育服务有关的评审,包括对招生简章、服务承诺、委托培训协议书等的评审,以确保: 　　a) 教育服务要求得到明确规定; 　　b) 与以前表述不一致的要求已予解决; 　　c) 本教育组织有能力满足规定的要求。

ISO9001:2008《质量管理体系 要求》			实 施 指 南
条款号	名称	内　　容	
		若顾客提供的要求没有形成文件,组织在接受顾客要求前应对顾客要求进行确认。 若产品要求发生变更,组织应确保相关文件得到修改,并确保相关人员知道已变更的要求。 注:在某些情况下,如网上销售,对每一个订单进行正式的评审可能是不实际的,而代之对有关的产品信息,如产品目录、产品广告内容等进行评审。	评审结果及评审引起的措施的记录应予保持。
7.2.3	顾客沟通	组织应对以下有关方面确定并实施与顾客沟通的有效安排: a) 产品信息; b) 问询、合同或订单的处理,包括对其修改; c) 顾客反馈,包括顾客抱怨。	教育组织对下列方面确定并实施与顾客沟通的有效安排: a) 专业设置、教学计划、课程安排、上课时间等信息; b) 专业调整、辅修课程、换课或停课、放假; c) 顾客(学生、家长)投诉的处理。
7.3	设计和开发		
7.3.1	设计和开发策划	组织应对产品的设计和开发进行策划和控制。 在进行设计和开发策划时组织应确定: a) 设计和开发阶段; b) 适合于每个设计和开发阶段的评审、验证和确认活动; c) 设计和开发的职责和权限。 组织应对参与设计和开发的不同小组之间的接口进行管理,以确保有效的沟通,并明确职责分工。随设计和开发的进展,在适当时,策划的输入应更新。 注:设计开发的评审、验证和确认具有各自明确的目的。根据产品和组织的具体情况,可以单独或一起进行并记录。	教育组织对专业设置、教学计划、课程安排等服务项目进行策划: a) 学校专业设置、教学计划、课程安排、上课时间的确定; b) 教学内容等设计内容应随着社会需求和科学发展等确定,并进行评审、验证和确认; c) 教务处设计和开发新专业、教学计划、课程设置及标准的职责应明确。
7.3.2	设计和开发输入	应确定与产品要求有关的输入,并保持记录(见4.2.4)。这些输入应包括: a) 功能和性能要求; b) 适用的法律、法规要求; c) 适用时,以前类似设计提供的信息; d) 设计和开发所必需的其他要求。 应对设计和开发输入进行评审,以确保输入是充分与适宜的,要求应完整、清楚,并且不能自相矛盾。	设计输入包括: a) 教育服务质量要求; b) 适用的教育法律、法规、规章要求; c) 适用时,以前类似专业课程要求; d) 其他必需的要求。 学院必须评审设计和开发输入。对不完整的、含糊或矛盾的要求,应与提出者一起澄清和解决,以保证输入信息的充分性和适宜性。

\multicolumn{3}{c|}{ISO9001:2008《质量管理体系 要求》}	实 施 指 南
条款号	名称	内 容	
7.3.3	设计和开发输出	设计和开发的输出应适于针对设计和开发的输入进行验证的方法提出,并应在放行前得到批准。 设计和开发输出应: a) 满足设计和开发输入的要求; b) 给出采购、生产和服务提供的适当信息; c) 包含或引用产品接收准则; d) 规定对产品的安全和正常使用所必需的产品特性。 注:生产和服务提供的信息可能包括产品防护的细节。	专业或课程设计输出应满足输入要求,确定教材采购、专业介绍、课程大纲等信息。 由院长主持专业或课程设计和开发评审。包括: a) 设计和开发结果满足教学要求的能力; b) 输出应为采购、教育和服务提供给出适当的信息; c) 包含或引用教育服务接收的准则; d) 规定对教育服务正常使用至关重要的特性和对教育服务安全性有影响的安全特性。
7.3.4	设计和开发评审	在适宜的阶段,应依据所策划的安排(见7.3.1)对设计和开发进行系统的评审,以便: a) 评价设计和开发的结果满足要求的能力; b) 识别任何问题并提出必要的措施。 评审的参加者应包括与所评审的设计和开发阶段有关的职能的代表。评审结果及任何必要措施的记录应予保持(见4.2.4)。	教育组织应对不同教育服务、不同的设计类型(新专业、新课程、改进设计、设计修改等)和不同的设计开发阶段,在适宜时开展系统的设计开发评审。 a) 对本阶段的设计成果满足质量要求的能力做出评价; b) 识别和发现设计中任何问题和不足,并提出必要的解决措施。 评审结果和评审决定采取的措施应予以记录并保持。
7.3.5	设计和开发验证	为确保设计和开发输出满足输入的要求,应依据所策划的安排(见7.3.1)对设计和开发进行验证。验证结果及任何必要措施的记录应予保持(见4.2.4)。	专业(或课程)试办(开发)验证。
7.3.6	设计和开发确认	为确保产品能够满足规定的使用要求或已知的预期用途的要求,应依据所策划的安排(见7.3.1)对设计和开发进行确认。只要可行,确认应在产品交付或实施之前完成。确认结果及任何必要措施的记录应予保持(见4.2.4)。	学院应在设计和开发策划中对设计和开发确认的内容、方式、条件和确认点予以确定。确认时间应在设计开发完成后,新专业、新课程服务正式提供之前进行。确认结果和决定的措施必须予以记录并保持。
7.3.7	设计和开发更改的控制	应识别设计和开发的更改,并保持记录。适当时,应对设计和开发的更改进行评审、验证和确认,并在实施前得到批准。设计和开发更改的评审应包括评价更改对产品组成部分和已交付产品的影响。 更改的评审结果及任何必要措施的记录应予保持(见4.2.4)。	专业名称更改或专业教学计划或课程更改应履行报批手续。

ISO9001:2008《质量管理体系 要求》			实 施 指 南
条款号	名称	内　　　容	
7.4	采购		
7.4.1	采购过程	组织应确保采购的产品符合规定的采购要求。对供方及采购的产品控制的类型和程度应取决于采购的产品对随后的产品实现或最终产品的影响。 　　组织应根据供方按组织的要求提供产品的能力评价和选择供方。应制定选择、评价和重新评价的准则。评价结果及评价所引起的任何必要措施的记录应予保持(见4.2.4)。	教育组织对应教学仪器、教材、外聘教师、办公用品等采购过程进行控制。 　　教育组织对供方提供产品服务的能力进行评价与选择。评价结果及引起的任何必要措施的记录应予保持。
7.4.2	采购信息	采购信息应表述拟采购的产品,适当时包括: 　　a) 产品、程序、过程和设备的批准要求; 　　b) 人员资格的要求; 　　c) 质量管理体系的要求。 　　在与供方沟通前,组织应确保所规定的采购要求是充分与适宜的。	教育组织应表述采购的产品或服务包括下列要求: 　　a) 产品或服务质量要求; 　　b) 外聘教师、服务人员资质要求; 　　c) 教育服务质量管理体系要求。 　　在与供方沟通前,教育组织应确保拟定的采购要求是充分与适宜的。教育组织对采购的物品进行检验验收,对外聘服务进行验证,并在采购(或聘用)合同(或协议)中作出规定。
7.4.3	采购产品的验证	组织应确定并实施检验或其他必要的活动,以确保采购的产品满足规定的采购要求。 　　当组织或其顾客拟在供方的现场实施验证时,组织应在采购信息中对拟验证的安排和产品放行的方法作出规定。	教育组织应对采购的物品进行检查验收,对外聘人员的服务进行考核。
7.5	生产和服务提供		
7.5.1	生产和服务提供的控制	组织应策划并在受控条件下进行生产和服务提供。适用时,受控条件应包括: 　　a) 获得表述产品特性的信息; 　　b) 必要时,获得作业指导书; 　　c) 使用适宜的设备; 　　d) 获得和使用监视和测量装置; 　　e) 实施监视和测量; 　　f) 产品放行、交付和交付后活动的实施。	教育组织应策划并在受控条件下进行教育服务。包括: 　　a) 获得教育服务方面信息; 　　b) 必要时,获得教育服务规范; 　　c) 使用适宜的教学设备; 　　d) 获得和使用教学仪器、计算机设备及计量器具等; 　　e) 实施考试或考核、监视和测量; 　　f) 教育服务后的顾客意见收集。

ISO9001:2008《质量管理体系 要求》			实 施 指 南
条款号	名称	内　　容	
7.5.2	生产和服务提供过程的确认	当生产和服务提供过程的输出不能由后续的监视和测量加以验证，仅在产品使用或服务已交付之后问题才显现时，组织应对任何这样的过程实施确认。 　　确认应证实这些过程实现所策划的结果的能力。 　　组织应对这些过程作出安排，适用时包括： 　　a) 为过程的评审和批准所规定的准则； 　　b) 设备的认可和人员资格的鉴定； 　　c) 使用特定的方法和程序； 　　d) 记录的要求(见4.2.4)； 　　e) 再确认。	教育服务过程一般都是特殊过程，必须对教育服务过程进行总结或考核，以验证其正确性。 　　过程的输出一般由考试等加以验证，并必须对教师的资格进行确认。 　　a) 过程能力合格水平的评价要求； 　　b) 过程设备认可方法及过程人员资格水平的考核； 　　c) 确认时应采用的方法和过程步骤； 　　d) 必要的记录； 　　e) 是否需要再次确认。
7.5.3	标识和可追溯性	适当时，组织应在产品实现的全过程中使用适宜的方法识别产品。 　　组织应在产品实现的全过程中针对监视和测量要求识别产品的状态。 　　在有可追溯性要求的场合，组织应控制并记录产品的惟一性标识(见4.2.4)。 　　注：在某些行业，技术状态管理是保持标识和可追溯性的一种方法。	教育组织对学生学号、仪器设备、教室等使用编号、标牌、标签等方法标识。 　　对各类教育服务的信息、安全要求应用标准图形符号，此外，对教育组织自定的服务标识，如教师证、服务证(卡)等进行标识。 　　如有追溯性要求，则应控制并记录产品或服务的惟一性标识，如学号、证号等。
7.5.4	顾客财产	组织应爱护在组织控制下或组织使用的顾客财产。组织应识别、验证、保护和维护供其使用或构成产品一部分的顾客财产。若顾客财产发生丢失、损坏或发现不适用的情况时，组织应报告顾客，并保持记录(见4.2.4)。 　　注：顾客财产可包括知识产权和个人数据(信息)。	教育组织应保护学生学籍、成绩记录及自带的学习和生活用品。若发生丢失应及时追究。
7.5.5	产品防护	组织应在内部处理和交付到预定的地点期间对产品提供防护，以保证产品符合要求，适用时，这种防护应包括标识、搬运、包装、贮存和保护。防护也应适用于产品的组成部分。	教育组织对教学仪器、设备、用品等应进行防护，防止其变质、受损或丢失。适用时，这种防护应包括标识、搬运、包装、贮存的保护。

ISO9001:2008《质量管理体系 要求》			实 施 指 南
条款号	名称	内 容	
7.6	监视和测量装置的控制	组织应确定需实施的监视和测量以及所需的监视和测量设备,为产品符合确定的要求(见7.2.1)提供证据。 组织应建立过程,以确保监视和测量活动可行并以与监视和测量的要求相一致的方式实施。 为确保结果有效,必要时,测量设备应: a) 对照能溯源到国际或国家标准的测量标准,按照规定时间间隔或在使用前进行校准或检定。当不存在上述标准时,应记录校准或检定的依据; b) 进行调整或必要时再调整; c) 能够识别,以确定其校准状态; d) 防止可能使测量结果失效的调整; e) 在搬运、维护和贮存期间防止损坏或失效。 此外,当发生设备不符合要求时,组织应对以往测量结果的有效性进行评价和记录。组织应对该设备任何受影响的产品采取适当的措施。校准和验证结果记录应予保持(见4.2.4)。 当计算机软件用于规定要求的监视和测量时,应确认其满足预期用途的能力。确认应在初次使用前进行,必要时再确认。 注:确认计算机软件满足预期能力的典型方法包括对软件的验证和保持其适用性的技术状态管理。	教育组织确定受控的监视和测量设备,并按国家计量检定规程进行周期检定或校准,以确保测量结果有效。如: a) 已建立国际或国家测量基准的,按国家有关规定进行检定或校准。无国际或国家测量基准的,组织应自行建立检定或校准规范(包括校准检定的项目、方法、设备、周期、条件和合格标准等),实施检定或校准并予以记录; b) 某些测量设备在使用时,可能需要进行调整或再调整,如某些仪器需调平衡、调零点或满刻度量程等; c) 采用标识的方法,识别测量设备是否处于校准状态; d) 由有资格的操作人员进行调整,提供调整作业指导书; e) 采取有效防护措施,供适宜的贮存条件等。 当发生监视和测量装置不符合要求时,教育组织应对以往测量结果的有效性进行评价,并根据评审结果采取必要的措施,做出记录。校准和验证结果的应予记录。 用于监视和测量的计算机软件,应在初次使用前确认,通常参照功能测试的方式进行。
8	**测量、分析和改进**		
8.1	总则	组织应策划并实施以下方面所需的监视、测量、分析和改进过程: a) 证实产品的符合性; b) 确保质量管理体系的符合性; c) 持续改进质量管理体系的有效性。 这应包括对统计技术在内的适用方法及其应用程度的确定。	教育组织应策划并实施下列方面所需的监视、测量、分析和改进过程: a) 证实教育服务的符合性; b) 确保教育服务质量管理体系的有效性; c) 持续改进教育服务质量管理体系的有效性。 应包括使用随机抽样、排列图、因果图和对策表等统计技术。

18

ISO9001:2008《质量管理体系 要求》			实 施 指 南
条款号	名称	内　　容	
8.2	监视和测量		
8.2.1	顾客满意	作为对质量管理体系业绩的一种测量,组织应对顾客有关组织是否已满足其要求的感受的信息进行监视,并确定获取和利用这种信息的方法。 　　注:监视顾客感受可以包括从诸如顾客满意调查、顾客对交付产品质量的数据、用户意见调查、业务损失分析、保证承诺、经销商报告之类的来源获得输入。	每学期随机征求意见(100 份以上),对顾客(学生)满意度进行测评,作为对教育服质量管理体系业绩的一种测量。
8.2.2	内部审核	组织应按策划的时间间隔进行内部审核,以确定质量管理体系是否: 　　a) 符合策划的安排(见 7.1)、本标准的要求以及组织所确定的质量管理体系的要求; 　　b) 得到有效实施与保持。 　　考虑拟审核的过程和区域的状况和重要性以及以往审核的结果,应对审核方案进行策划。应规定审核的准则、范围、频次和方法。审核员的选择和审核的实施应确保审核过程的客观性和公正性。审核员不应审核自己的工作。 　　应编制形成文件的程序,以规定策划和实施以及报告结果和保持记录的职责和要求。 　　应保持审核及其结果的记录(见 4.2.4)。 　　负责受审区域的管理者应确保及时采取必要的纠正和纠正措施,以消除所发现的不合格及其原因。跟踪活动应包括对所采取措施的验证和验证结果的报告(见 8.5.2)。 　　注:作为指南,参见 ISO19011。	教育组织制定内部审核程序,并按该程序编制年度内审计划。 　　a) 确定质量管理体系是否符合规定的要求; 　　b) 及时发现存在的问题,并采取纠正措施保持质量管理体系的有效运行。 　　按时进行内审及对内审不合格项进行的跟踪审核。
8.2.3	过程的监视和测量	组织应采用适宜的方法对质量管理体系过程进行监视,并在适宜时进行测量。这些方法应证实过程实现所策划的结果的能力。当未能达到所策划的结果时,应采取适当的纠正措施,以确保产品的符合性。 　　注:当确定适宜的方法时,组织应当考虑适于监视和测量每个过程的形式和程度,这些过程是指能够影响产品要求的符合性和质量管理体系的有效性的过程。	教育组织对各种教育服务过程进行监视,并在必要时进行随机巡察、听课及督查。

ISO9001:2008《质量管理体系 要求》			实 施 指 南
条款号	名称	内　　容	
8.2.4	产品的监视和测量	组织应对产品的特性进行监视和测量,以验证产品要求已得到满足。这种监视和测量应依据所策划的安排(见7.1),在产品实现过程的适当阶段进行。应保持符合接收准则的证据。 记录应指明有权放行产品交付顾客的人员(见4.2.4)。 除非得到有关授权人员的批准,适用时得到顾客的批准,否则在策划的安排(见7.1)已圆满完成之前,不应放行产品和交付服务。	教育组织对教育服务质量进行监视和测量,以验证服务质量要求得到满足。 a) 各类学生进行学期课程考试、考核; b) 对仪器设备、教材进行检查验收。 当发生不规范服务时,除非得到顾客(学生、家长)的谅解和同意,方可重新提供合格服务。
8.3	不合格品控制	组织应确保不符合产品要求的产品得到识别和控制,以防止其预期的使用或交付。应编制形成文件的程序,以规定不合格品控制以及不合格品处置的有关职责和权限。 适用时,组织应通过下列一种或几种途径,处置不合格品: a) 采取措施,消除已发现的不合格; b) 经有关授权人员批准,适用时经顾客批准,让步使用、放行或接收不合格品; c) 采取措施,防止其原预期的使用或应用; d) 当在交付或开始使用后发现产品不合格时,组织应采取与不合格的影响或潜在影响的程度相适应的措施。 在不合格品得到纠正之后应对其再次进行验证,以证实符合要求。 应保持不合格的性质以及随后所采取的任何措施的记录,包括报批准的让步的记录(见4.2.4)。	教育组织应对不合格产品与不规范服务应按不合格控制程序文件规定执行。 教育组织通过下列要求,处理不合格产品或不规范服务: a) 对不合格产品及教材应采取纠正措施,消除已发生的不合格; b) 对不规范服务应在顾客同意后,重新提供合格服务; c) 改变使用方式和用途(如降级使用或报废); d) 在交付甚至使用开始后发现产品不合格时,学院仍有责任采取适当措施解决问题,这些措施应与不合格给顾客造成的影响(包括损失或潜在的影响)相适应。
8.4	数据分析	组织应确定、收集和分析适当的数据,以证实质量管理体系的适宜性和有效性,并评价在何处可以持续改进质量管理体系的有效性。这应包括来自监视和测量的结果以及其他有关来源的数据。 数据分析应提供以下有关方面的信息: a) 顾客满意(见8.2.1); b) 与产品要求的符合性(见8.2.4); c) 过程和产品的特性及趋势,包括采取预防措施的机会(见8.2.3和8.2.4); d) 供方(见7.4)。	教育组织应确定、收集和分析有关教育服务方面的数据,以证实教育服务质量管理体系的适宜性和有效性。 数据分析应提供下列信息: a) 顾客(学生)满意度; b) 与产品或服务要求的符合性程度; c) 过程和产品或服务质量特性及发展趋势; d) 外聘教师、服务人员及物料的供方是否合格。

ISO9001:2008《质量管理体系 要求》			实 施 指 南
条款号	名称	内　　　容	
8.5	改进		
8.5.1	持续改进	组织应利用质量方针、质量目标、审核结果、数据分析、纠正和预防措施以及管理评审，持续改进质量管理体系的有效性。	学院应当通过质量方针的建立与实施，营造一个激励改进的氛围与环境；确立质量目标以明确改进的方向；通过数据分析、内部审核不断寻求改进的机会，并做出适当的改进活动安排；实施纠正和预防措施以及其他适用的措施实现改进；在管理评审中评价改进效果；确定新的改进目标和改进的决定。
8.5.2	纠正措施	组织应采取措施，以消除不合格的原因，防止不合格的再发生。纠正措施应与所遇到不合格的影响程度相适应。 　　应编制形成文件的程序，以规定以下方面的要求： 　　a) 评审不合格（包括顾客抱怨）； 　　b) 确定不合格的原因； 　　c) 评价确保不合格不再发生的措施的需求； 　　d) 确定和实施所需的措施； 　　e) 记录所采取措施的结果（见4.2.4）； 　　f) 评审所采取的纠正措施的有效性。	学院应建立并实施纠正措施程序文件，针对现存不合格的原因，采取适当措施，以防止不合格再次发生。 　　a) 识别和评审不合格，包括体系运行方面和产品（教育服务）质量方面的不合格，特别应注意顾客抱怨（包括投诉）所引发不合格的评审； 　　b) 通过调查分析不合格的原因； 　　c) 研究为防止不合格再发生应采取的措施； 　　d) 确定并实施这些措施； 　　e) 跟踪并记录纠正措施的结果； 　　f) 评价纠正措施的有效性。
8.5.3	预防措施	组织应确定措施，以消除潜在不合格的原因，防止不合格的发生。预防措施应与潜在问题的影响程度相适应。 　　应编制形成文件的程序，以规定以下方面的要求： 　　a) 确定潜在不合格及其原因； 　　b) 评价防止不合格发生的措施的需求； 　　c) 确定和实施所需的措施； 　　d) 记录所采取措施的结果（见4.2.4）； 　　e) 评审所采取的预防措施的有效性。	学院应建立并实施纠正措施程序文件，以及时消除潜在不合格的原因，防止不合格的发生。 　　a) 识别并确定潜在不合格及其原因； 　　b) 评价采取措施的必要性和可行性； 　　c) 研究确定需采取的预防措施，并落实实施； 　　d) 跟踪并记录所采取的预防措施的结果； 　　e) 评价预防措施的有效性，并做出永久更改或进一步采取措施的决定。

第二章　学校质量管理信息系统开发

管理信息系统(Management Information System)简称 MIS,它是由收集、存储、检索等处理信息的各种要素组成的并产生对信息管理者有用的信息,它是辅助管理者作出决策的一个集合体。管理信息系统研制、开发的过程划分为五个大的阶段:系统分析;系统设计;程序设计;系统实施;系统评价。

第一节　学校质量管理信息系统需求分析

需求分析是系统开发的第一步。系统需求最直接的、第一位的是用户对目标系统的需求,即用户在信息管理中对应用系统所产生的各种各样的和可能的需要,这种需要是对应用系统开发的定位和最基本的立足点,这种定位不应该局限于目前的需要,还应该有一个长远需求的预测,以尽可能提高系统应用的生命周期。一个应用系统从开发到实现再到应用涉及一个复杂的资源体系,它不仅涉及用户需求,而且还涉及到计算机系统资源的需求、开发平台的适应性需求,以及系统应用的适应性需求。质量管理信息系统分析阶段:确定边界;确定目标;收集资料;建立模式。

一、学校质量管理信息系统课题研究背景

（一）课题的提出

教育与国际接轨不是单纯的专业和课程与国际接轨,重要的是要在管理机制上实现学校教育与国际接轨,而最切实有效的途径就是贯彻实施 ISO9001 国际质量管理体系标准。根据 ISO9001 标准对学院进行贯标的过程,就是为学院诊断把脉、发现问题、提出对策、提高管理水平和教育教学质量的过程。

学校作为一个社会组织,与企业等组织一样,存在一个"输入—转换—输出"的过程,同样须经由各个过程的控制才能达到自身的目标,完全可以运用 ISO9001:2008 质量管理体系标准关于通过过程控制、过程管理来提高产品质量的基本思想和方法。

（二）课题研究的意义

随着我国社会主义市场经济的发展和经济日益全球化,教育的国际化已成为必然,教育竞争会更加激烈。学校教育,尤其是职业技术教育、高等教育走向市场将是大势所趋,如何规范管理、提高教育教学质量成为社会普遍关注的焦点,通过引入 ISO9001:2008 质量管理体系标准,用先进的管理模式将促进学校教育的变革和发展。

学校进行 ISO9001 贯标,有利于树立新的教育服务观;有利于规范学校教育质量评价和学校教育质量管理,提高学校知名度;有利于强化学校质量保证意识;有利于提高学校的

市场竞争意识;还有利于维护教育消费者的合法权益。

（三）课题主要研究内容

学校的基本生产过程是教学服务过程,在整个学校工作中占主导地位。根据 ISO9001 的要求将教学质量管理体系文件化,制定出正确的质量方针和质量目标,方针和目标应体现出以顾客(学生、家长和用人单位)为关注焦点的新理念。以文件的形式形成质量管理体系基础框架,对教育资源实施有效的管理,营造适宜的教育环境,策划科学的教育服务过程,并对顾客(学生、家长和用人单位)满意度、教育服务过程实施有效的测量和分析,在持续的发展过程中不断加以改进和完善,把教育组织的质量管理体系的特性寓于 ISO9001 的质量管理体系的共性之中。

（四）课题研究方法

1. 理论探究。根据教育组织的特点,特别是教学管理贯彻实施 ISO9001:2008 标准的要点,对教学质量管理体系文件编写及建立教学质量管理体系的步骤方法进行探讨。

2. 结合实际。以学校的教育服务为主体,以教学服务运作管理的基本模式,按照教学质量管理体系文件,可直接使用操作。

3. 制定标准。以 ISO9001:2008 标准为主线,展开学院教学运作的全套质量管理体系文件,包括质量手册、程序文件、作业文件、质量记录等,以符合标准要求,具有较强的指导性。

二、学校引入 ISO9001:2008 标准的必要性分析

（一）高等教育发展需求

随着高等教育向大众化迈进,高校学生人数大量增加,对教育资源的需求也随之增加。而教育需求的速率远远大于教育资源的增长速率,各高校都不同程度上存在师资数量、教学经费、教学设施设备的短缺问题。如何解决需求增长和资源短缺之间的矛盾,向高等教育提出了向管理要效率的问题。因此,高校都在寻求建立一个更加科学、更高效的教育教学质量管理体系。而 ISO9001:2008 标准的引入,可以为决策者创造一个比较宽松和谐、有序高效的办学环境。

（二）提高学校的社会信誉度

随着招生与毕业生就业制度的改革,学校的教育质量已成为用人单位选择毕业生和学生报考择校的重要依据,高等院校所面临的市场竞争也愈加激烈。在社会主义市场经济体制建立、劳动力市场逐步形成的外部环境下,人才培养质量决定了学校的生存和发展,因此,各高等院校都在积极探索提高教育质量和办学效益的方法与途径。而 ISO9001:2008 质量体系建立和认证,一方面有助于学校建立更加规范的质量监控体系,另一方面也可使学校在社会上获得质量信誉,使学校在激烈的市场竞争中赢得更广阔的生存和发展空间。

（三）高等院校的教育管理与国际接轨

随着我国加入 WTO,许多国外的教育机构将涌入我国的教育市场,这不仅加大了教育市场的竞争,而且使我国高校也面临着与国际教育机构竞争的形势,教育教学质量的好坏将直接影响我国高校的生存和发展。因此,我国高校的教育思想、管理模式都要进一步与国际市场接轨,运用现代管理方法提高教学管理水平,这样才能培养出面向世界的人才。而 ISO9001:2008 标准是国际上认可的质量管理标准,将其引入高等教育质量管理,对毕业生

走向国际劳动力市场、增强学院在教育市场的竞争能力都是十分有利的。

三、学校引入 ISO9001:2008 标准的可行性分析

（一）ISO 9001:2008 标准的管理思想方法适用于学校教育

现行 ISO9001:2008 质量管理体系标准具有很强的通用性，无论何种类型和规模的组织，其活动只要有质量要求，一般都适合采用。因此，学校教育引入 ISO9001:2008 质量管理体系标准是完全可行的。

1. 过程管理方法

ISO 9001:2008 标准的基本思想是："质量形成于产品实现的全过程。必须使影响产品质量的全部因素在产品实现的全过程中始终处于受控状态。"它是一种采用"过程方法"的手段来保证产品质量的管理方法、组织内诸过程的系统的应用，连同这些的识别和相互作用及其产生期望结果的管理，可称之为"过程方法"。就是：

（1）识别质量管理体系所需的过程及其在组织中的应用；

（2）确定这些过程的顺序和相互作用；

（3）确定为确保这些过程的有效运行和控制所需的准则和方法；

（4）确保可以获得必要的资源和信息，以支持这些过程的运行和对这些过程的监视；

（5）监视、测量和分析这些过程；

（6）实施必要的措施，以实现对这些过程策划的结果和对这些过程的持续改进。

组织应按本标准的要求管理这些过程。以过程为基础的质量管理体系模式，见本书第一章第二节图 1.2.1。

学校的顾客（社会、用人单位、学生、学生家长）、学校的产品（教育服务）就是"教育过程的结果——学生在知识、能力、素质等方面获得的提高（增值部份）"。

2. PDCA 循环

ISO 9001:2008 质量管理活动遵循 PDCA 循环：

P—策划（plan）：根据顾客的要求和组织的方针，为提供结果建立必要的目标和过程；

D—实施（do）：实施过程；

C—检查（check）：根据方针、目标和产品要求，对过程和产品进行监视和测量，并报告结果；

A—处置（act）：采取措施，以持续改进过程业绩。

通过理解基于过程管理实现质量目标的管理方法和基于 PDCA 循环的质量管理活动方式后，可以十分清楚地认识到，这些管理思想和管理方法不仅适用于企业，同样适用于学校教育，是符合学校教育规律的。教学计划、教学实施、教学检查和反馈处理的关系正是 PDCA 循环的体现。因此，ISO 9001:2008 标准的管理理念完全适用于教育领域。

（二）学校教育属于 ISO 9001:2008 标准的适用范围

从 ISO 9001:2008 标准规定的适用范围可知：

1. 作为教育劳动者向社会或个体提供教育的复杂劳动的学校完全符合 ISO 9001:2008 标准中"组织"的涵义。

2. 标准是通用的，不是专门为某一具体工业行业或经济部门而制定的。许多工业体系

中的新管理程序,都可以实际应用于教育,不仅在全国范围可以这样做(如监督整个教育体系运行的方式),而且在一个教育机构内部也可以这样做。

第二节 学校质量管理信息系统设计

一个完整的管理系统,管理的内容往往涉及一个系统的方方面面,既有大系统,又包含若干个子系统。将一个大系统分解为若干个功能模块,这些模块构成一个庞大的管理信息系统,在开发过程中,总是先将其分解成若干子模块分别进行,然后集成一体。

一、学校质量管理信息系统框架

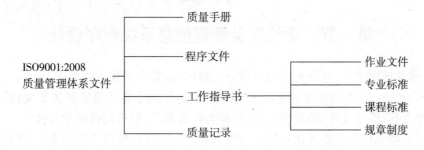

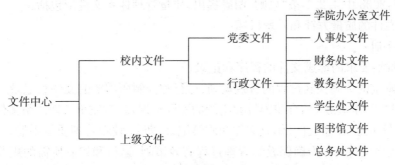

图 2.2.1 学校质量管理信息系统框架

根据系统框架拟定系统模块,根据可视化开发工具的特点,其功能有界面反映。系统被模块化之后,开发工作和系统集成便成为了可能与实现。

数据库是信息保存的主体,也是数据库应用系统操作的主要对象,几乎所有控件都是对数据库的控制工具,而窗体则是控件的载体。从而数据库设计成为数据库系统开发的重要方面。

二、学校质量管理信息系统网络版排列方式

学校质量管理信息系统开发是以网络版的形式,通过系统分析、系统设计、系统调试,建立××学院应用 ISO9001:2008 标准质量管理信息系统。

进入"××学院质量管理信息系统",以模块化形式建立子系统,包括:前言、ISO 国际标准化组织国际标准 ISO9001:2008《质量管理体系 要求》、教育组织质量管理体系标准实施指南。通过人机对话菜单查看质量手册、程序文件、工作指导书、质量记录,工作指导书中有

作业文件、专业标准、课程标准、规章制度等内容，整个网上人机系统运作正常、试用通畅。

关于 ISO9001：2008 标准所要求的技术层面都已建立，并为保证日常工作的质量手册、程序文件、作业文件、质量记录都有追溯；专业标准、课程标准、规章制度属于动态型的，会有不断增添和取代，其编码与 ISO9001：2008 标准条款相符，但不牵制，系统设计留有分支（子系统）可给以随时增减内容，以便持续开发，使相关部门都可以有内容进入，形成学校的质量管理信息系统。

整个人机系统具有理论性、实用性和标准性。质量管理信息系统设计阶段：决定一个系统所要实现的功用；设计"可行的理想系统目标"；收集有关"可行的理想系统目标"可行的资料；建议"可行的理想系统目标"的其他组成成分；选择与"可行的理想系统目标"有密切关系的其他系统；写出作业程序。建立总体框架、模块、子系统。

第三节　学校质量管理信息系统程序设计

系统模块确定之后，进行数据库的设计与制作，并完成总系统的集成了。

以 ISO9001：2008 标准为主线，展开教学管理运作的全套质量管理体系文件，包括质量手册、程序文件、作业文件、质量记录等，以符合标准要求，具有较强的指导性。

"组织应按本标准的要求建立质量管理体系，形成文件，加以实施和保持，并持续改进其有效性。"（ISO9001：2008　4.1）

ISO9001：2008 中 4.2.1 条"总则"明确提出，质量管理体系文件应包括：

a）形成文件的质量方针和质量目标；

b）质量手册；

c）本标准所要求的形成文件的程序和记录；

d）组织确定的为确保其过程的有效策划、运行和控制所需要的文件和记录。

依据上述"总则"规定，结合我国教育组织的实际情况，教学质量管理体系文件应该包括四个层次：质量手册、程序文件、作业文件和质量记录，即① 教学管理质量手册，② ISO9001 标准规定的程序文件，③ 为确保教学管理过程有效策划、运行和控制所需的规范或作业文件，④ ISO9001 标准所要求的质量记录。

一、教学管理质量手册的编制

质量手册，是规定组织质量管理体系的文件。它是现代学校乃至任何一个教育组织推行质量管理，阐明其质量管理体系的一个纲领性文件。为了使教育组织的质量管理体系文件与学院标准协调一致，依据标准规定的质量手册内容结构，教学管理质量手册要素排列为：

0　目录

0.1　发布令

0.2　任命书

0.3　质量方针和质量目标的声明

1　范围

2　引用标准和术语

二、教学管理程序文件的编制

程序,是为进行某项活动或过程所规定的途径。当程序在形成文件时,通常就称为程序文件。ISO 国际标准化组织国际标准,ISO9001:2008 代替 ISO9001:2000《质量管理体系 要求》,程序文件版本由 A 版改成 B 版,修改状态由 0 改成 1。

ISO9001:2008 标准所要形成文件的程序有六个方面:

4.2.3 文件控制

4.2.4 记录控制

8.2.2 内部审核

8.3 不合格品控制

8.5.2 纠正措施

8.5.3 预防措施

编制教学管理程序文件的依据是教学管理质量手册及相关的教育法规和标准。

(一)程序文件的结构和格式

1 范围

2 职责

3 控制内容

3.1 输入控制

3.2 输出控制

3.3 活动控制

3.4 资源要求

4 相关文件

5 程序文件更改记录表

6 流程图

（二）程序文件号码

1. 程序文件编码

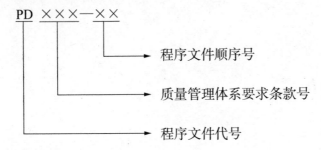

2. 程序文件编号

编号××（01—99 号）——发放前打号（红色或蓝色）

三、教学管理作业规范的文件编制

规范是阐明要求的文件。教学管理作业规范是教育组织为确保其教学管理过程的有效策划、运行和控制所需的文件。

编制教学管理作业规范应主要依据 ISO9001 标准及教学管理质量手册。此外，还应依据：

（1）国家有关教育方面的法律、法规和规定。必要时，还应有教育方面的规范性文件，如省市级教育部门发布的文件；

（2）与教育有关的国家标准、行业标准与地方标准；

（3）教育组织原来行之有效的质量管理制度或经验。

ISO 国际标准化组织国际标准，ISO9001:2008 代替 ISO9001:2000《质量管理体系 要求》，作业文件由 A 版改成 B 版，修改状态由 0 改成 1。

（一）作业规范的文件结构和格式

1 范围

2 职责

3 内容

4 相关文件

（二）作业文件号码

1. 作业文件编码

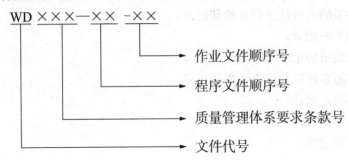

WD ××× — ×× - ××

作业文件顺序号

程序文件顺序号

质量管理体系要求条款号

文件代号

2. 作业文件编号

编号××（01—99 号）——发放前打号（红色或蓝色）

四、教学管理质量记录表的编制

记录,是阐明所取得的结果或提供所完成活动的证据的文件。质量记录,则是阐明所取得的质量结果或提供完成质量活动的证据的。因此,质量记录是质量管理体系文件中的特殊类型文件,见证性文件,可用于可追溯性提供文件,并提供验证、预防措施和纠正措施的证据。

通常记录不需要控制其格式版本,但 ISO9001 标准所要求的记录,即提供符合要求和质量管理体系有效运行的证据的记录,必须按 ISO9001 中 4.2.4"记录控制"的要求:"保持清晰、易于识别和检索。应编制形成文件的程序,以规定记录的标识、贮存、保护、检索、保存期限和处置所需的控制。"

ISO 国际标准化组织国际标准,ISO9001:2008 代替 ISO9001:2000《质量管理体系 要求》,质量记录由 A 版改成 B 版,修改状态由 0 改成 1。

（一）ISO9001:2008 标准要求的记录

ISO9001:2008 标准所要求的记录有 21 个方面:

（1）管理评审记录;

（2）教育、培训、技能、经验的适当记录;

（3）为了实现过程及其产品满足要求提供证据所需的记录;

（4）合同评审结果及评审所引起的措施的记录;

（5）与产品要求有关的输入记录;

（6）评审结果及任何必要措施的记录;

（7）验证结果及任何必要措施的记录;

（8）确认结果及任何必要措施的记录;

（9）更改的结果及任何必要措施的记录;

（10）合格供方评价结果及评价所引进的任何必要措施的记录;

（11）生产和服务提供过程的确认记录;

（12）产品惟一性标识的记录;

(13) 顾客财产控制的记录；

(14) 不存在国际国家标准时,校准或检定的依据和记录；

(15) 对以往测量结果的有效性进行评价和记录；

(16) 校准和验证结果的记录；

(17) 产品的监视和测量的记录；

(18) 内审策划和实施审核以及报告结果的记录；

(19) 不合格品控制的记录；

(20) 采取纠正措施的记录；

(21) 采取预防措施的记录。

(二) 质量记录编号

1. 记录编码

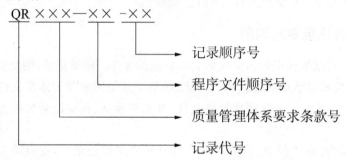

QR ×××—××-××

记录顺序号

程序文件顺序号

质量管理体系要求条款号

记录代号

2. 记录编号

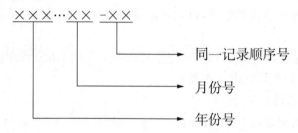

×××…××-××

同一记录顺序号

月份号

年份号

五、软件封面、主窗体、功能界面的链接

(一) 建立主菜单窗体并链接各功能窗体

为学校质量管理信息系统建立主菜单,并将主菜单与各功能窗体链接起来,构成一个完善的应用系统。菜单主要是控制和打开各功能窗体的,是对学校质量信息进行管理。

第一步,建立学校质量管理信息系统主菜单;

第二步,调整菜单位置与间距;

第三步,为主控界面设置图案以美化窗体;

第四步,将主控界面主菜单与应用窗体链接起来。

(二) 建立软件封面并实现封面与主控界面的链接

为软件封面、主窗体、功能界面的链接,使得开发过程自然有序。

第一步,制作学校质量管理系统封面。为美化软件封面,可以像美化主窗体一样,为封面加上一幅制作精美的图像和一些安装的信息说明文字。

第二步,链接封面与主控界面。封面与主控界面链接起来,进行显示调用并隐藏该封面,同时调出主控界面。

质量管理信息系统程序设计之后进入系统调试阶段,进行程序调试、模块调试、子系统调试、系统调试(联调)。

(1) 程序调试的内容为:正确性调试;运行时间和存储空间调试;使用简便性调试;程序的功能调试。

(2) 模块调试的内容为:调试模块内部功能实现情况;程序调用和返回情况。

(3) 子系统调试的内容为:子系统内部模块之间调用情况,子系统之间模块调用情况,数据传递情况,共享数据冲突情况。

(4) 系统调试(联调)的内容为:子系统之间的接口是否正确合理、数据共享及冲突等,系统功能是否达到目标要求,系统遭破坏后的恢复能力。

系统调试后实现网上人机对话菜单(模块、文件)形成。

第四节　学校质量管理信息系统实施

一、学校质量管理体系的建立

(一) 学校实施 ISO9001:2008 标准的办法

学校为了实现质量体系所需的组织、结构、程序、过程和资源的统一有机整体,具体地说:

(1) 学校为了确保教学质量的提高与稳定,必须按照科学、合理、精干高效等原则建立一个职权及相互关系明确的教学服务组织体系。这是学校质量体系建立和运行必不可少的组织保证。

(2) 学校为每项教学活动规定了文件化的程序即教学管理制度,这些程序文件明确地规定了某项教学活动的目的、范围、做什么、谁来做、何时、何地、怎样做、使用什么教材或资料,以及如何对该项活动进行控制,怎样记录以证明供受控等。

(3) 由于所有的教学工作都是通过过程来完成的,因此,学校必须策划和确定一个完善有效的教学过程网络,协调该过程网络中的每一个接口,以确保使人、设备、信息等资源输入后转换为合格的符合高级专业人才输出。

(4) 学校的教师、教学管理和辅助人员、教育经费、教学设施、实验仪器设备以及科学、正确的教育方法等都是建立学校质量体系必不可少的资源,也是教学条件。

(5) 学校应建立满足其自身内部管理需要的教学质量管理体系,以适应不断变动的人才市场环境;其次也可以建立满足认证机构要求的教学质量保证体系。而且,只有首先建立教学质量管理体系,才能确保培养出合格的专业人才,并满足社会提出的教育质量要求。

学校建立和实施教育服务质量体系可以提高和稳定教育质量,促进院校、培训机构提高管理水平,有利于树立良好的校风、学风和院校形象。

(二) 建立教学质量管理体系的过程模式

ISO9001:2008 标准的"引言"中"鼓励在建立、实施质量管理体系以及改进其有效性时采用过程方法"。指出:"为使组织有效运作,必须确定和管理众多相互关联的活动。通过使用资源和管理,将输入转化为输出的一组活动可视为过程。通常,一个过程的输出直接形成下一个过程的输入。"

组织内诸过程的系统应用,连同这些过程的识别和相互作用及其产生期望结果的管理,可称之为"过程方法"。

"过程方法的优点是对诸过程的系统中单个过程之间的联系的组合和相互作用进行连续的控制。"(ISO9001:2008 0.2)

以过程为基础的质量管理体系模式如图2.4.1所示。

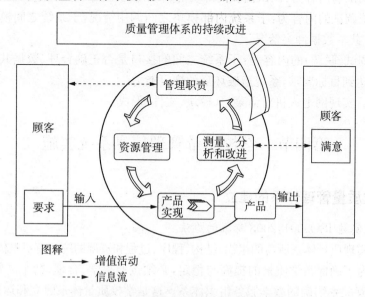

图2.4.1 以过程为基础的质量管理体系模式

就教育组织来说,产品实现即为教育服务实现;顾客(学生、家长和用人单位)的要求作为教育服务实现过程的输入,教育组织通过教育服务实现过程,将教育服务输出给顾客并使其满意。

顾客是否对教育服务满意,则应通过测量分析来评价,评价的结果应反馈到教育组织的管理者,通过履行管理者的管理职责,也就是把顾客满意要求作为管理职责的出发点和归宿点。因此,顾客要求与管理职责之间是双向箭头。同样,在顾客满意与测量、分析和改进之间也存在双向信息交流、沟通关系,因此也是双向箭头。

图2.4.1中央所示的圆内四个矩形方框,分别标注了ISO9001标准中规定的教学质量管理体系的四大过程要素,即管理职责、资源管理、教育服务实现以及测量、分析和改进。这四个矩形方框之间的箭头表述了这四个过程要素之间的内在逻辑顺序,说明它们是不断循环进行的。"测量、分析和改进"方框上的另一大箭头指向质量管理体系的持续改进,说明教学质量管理体系的四大过程要素之间不是简单的重复循环,而是通过循环后不断改进,从而不断提高教学质量管理体系水平。

结合教育实际情况,教育服务流程图如图2.4.2所示。

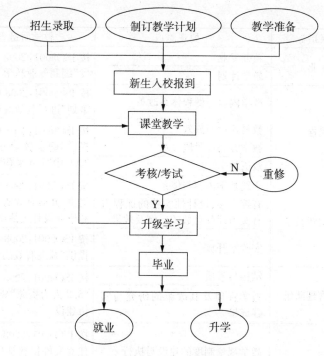

图 2.4.2　教学服务流程图

图 2.4.2 中的各个教育服务环节也不是一个简单过程,而是一个由若干个具体过程构成的过程网络,只要认真采用过程模式,并注意各个过程的顺序与接口,就能识别、确定"测量、分析和改进"每个过程,从而改进教育服务质量管理体系。

一个教育组织要建立一个全面、科学、合理、适用、有效的教学质量管理体系,一般都需经历总结和调研、标准培训、体系策划、编制文件、资源调配、试行验证、内外审核和改进完善等八个步骤。

高等学院教学工作质量管理体系要求:

表 2.4.1　高等学院教学工作质量管理体系要求

一级指标	二级指标	主要观测点	教学质量管理体系要求
办学指导思想	1.1　教学定位	学校的定位与规划	制定质量方针和质量目标,确定办学特色
	1.2　办学思想	教育思想观念	执行质量管理"八项原则",树立"以学生为中心",提供优质服务理念
	2.1　队伍结构	整体结构状态与发展趋势	执行 ISO9001:2008 中"6.2 人力资源"要求,确保教职员工胜任
	2.2　主讲教师	主讲教师资格	各类教师应持有教师资格证
		教授、副教授上课情况	
教学条件与利用	3.1　教学基本设施	教室状况	符合 ISO9001:2008 中"6.3 基础设施"要求
		实验室实用基地	
		图书馆状况	
		运动场面积及体育设施	

一级指标	二级指标	主要观测点	教学质量管理体系要求
教学建议与改革	4.1 专业	新办专业	按 ISO9001:2008 中"7.3 设计和开发"编制专业教学计划
		教学计划	
	4.2 课程	教学内容与课程体系改革	按 ISO9001:2008 中"7.1 产品实现的策划"进行教学改革
		教材建设与成效	按 ISO9001:2008 中"7.5 生产和服务提供"确定教学方法,并按 ISO9001:2000 中"7.4 采购"选购合适教材
		教学方法与手段改革	
		双语教学	
	4.3 实践教学	实践教学内容与体系	按 ISO9001:2008 中"7.5 生产和服务提供"开展有效的课外实践、生产实习和毕业设计等活动
		有综合性、设计性实验的课程占有实验课程总数的比例及效果	
		实验室开放	按 ISO9001:2008 中"7.5 生产和服务提供"开展有效的实验课程
教学管理	5.1 管理队伍	结构与素质	按 ISO9001:2008 中"5 管理职责"和"6.2 人力资源"要求加强学校管理队伍建设
		教学管理及其改革的研究与实践成果	
	5.2 质量控制	教学规章制度的建设与执行	按 ISO9001:2008 中"4.2 文件"要求建立文件化教学质量管理体系,并加强实施中的监督检查
		各主要教学环节的质量标准	建立教育服务质量考核与教育督导相结合的监控体系
		教学评估与检查	
学风	6.1 教师风范	教师的师德修养和敬业精神	按 ISO9001:2008 中"6.4 工作环境"要求,建设校园文化,形成良好教、学风气
	6.2 学习风气	学生遵守校纪校规的情况	
		学风建设和调动学生学习积极性的措施与效果	
		参加课内外科技文化活动等情况	
教学效果	7.1 基本理论与基本技能	学生基本理论与基本技能(尤其是外语交流能力)的实际水平	按 ISO9001:2008 中"8.测量、分析和改进"持续提高教学质量,受到顾客(学生、家长和用人单位)的好评,把学生培养成创新型人才,在社会上树立学校的良好形象
		学生的创新精神与实践能力	
	7.2 毕业论文或毕业设计	选题的性质、难度、分量、综合训练等情况	
		论文或设计质量	
	7.3 思想道德修养	学生的思想道德素养与文化素质的水平	
	7.4 体育	大学生体育合格标准、合格率	
	7.5 社会声誉	生源、就业、社会评估	

二、学校质量管理体系的运行

在质量管理体系文件编写完毕,并进行适当宣传的基础上,学院可以开始质量管理体系的运行。

（一）质量管理体系文件的发布

《质量手册》经院长批准发布，《程序文件》及其它体系文件经学院有关领导批准发布，批准发布的日期就是学院开始试运行的日期。《质量手册》发至各部门，各部门的负责人应理解与本部门有关的要素内容，按此要求指导本部门进行实施。程序文件、作业文件和质量记录发至与本程序、本规范及本记录有关部门，各项工作都必须按程序文件的规定执行并留下记录。

（二）质量管理体系运行的基本要求

（1）各级职能部门及全体教职员工都必须严格执行发布的质量管理体系文件，并认真做好相应质量记录。

（2）为了保证质量管理体系运行的持续有效，在运行过程中，结合实际情况，不断完善质量管理体系文件。

（3）要建立有效机制，采取切实措施来保证质量管理体系的正常运行。

（三）系统运行管理与维护

1. 设置组织机构和人员

设置组织机构和人员是保证系统正常运转的基本条件之一。一般设置硬件维护、软件维护、信息维护和行政管理等部门，配置系统运行管理负责人、软件维护人员、硬件维护人员、操作人员、行政管理人员。同时，管理信息系统的运行管理是一项需要多方协调的系统性工作，需要多方面人员的密切配合，并牢固树立为用户服务的观点。

2. 系统维护

（1）硬件维护。包括突发性故障维护和定期预防性维护。

（2）软件维护。包括正确性维护、适应性维护、完善性维护、预防性维护和系统运行软件环境维护或更新。

（2）数据维护。包括数据备份和存储空间整理。

第五节　学校质量管理信息系统评价

ISO9001：2008《质量管理体系　要求》，规定质量管理体系要求，用于证实组织具有提供满足顾客要求和适用法规要求的产品的能力，目的在于增进顾客满意。教育组织建立文件化的教学质量管理体系之后，应积极采取各种手段和方式推动其认真实施，使之有效运行，才能获取效率和效益。对所开发的系统从系统建设、系统性能和系统应用三个方面做出有效评价，便于日后改进工作的开展。

一、顾客满意度测评

ISO9001：2008 标准是以顾客为关注焦点注重过程控制的质量管理，是以预防为主的质量管理，是不断改进的质量管理。通过实施 ISO9001：2008 标准，可使组织树立质量意识，提升管理水平，降低管理成本，增强竞争力。

顾客满意，是指顾客对其要求已被满足的程度的感受。ISO9001：2008 第 8.2.1 条"顾客满意"中明确指出："作为对质量管理体系业绩的一种测量,组织应对顾客有关组织是否已满足其要求的感受的信息进行监视,并确定获取和利用这些信息的方法。"对学校来说,其主要顾客是学生。因此,把学生满意度测评作为测评、分析和改进教学质量管理体系的主要方法,树立"以学生为中心"、"以学生需求为导向"的教育服务理念。

二、内部质量审核

实施内部质量审核,是为了证实质量管理体系的符合性和有效性,并针对发现问题及时采取纠正措施和预防措施,以确保质量管理体系的有效性和持续改进。

学院根据内部审核的有关程序,制定审核计划,确定审核频次,明确审核员的职责。一般内部质量审核每年一两次。在每次内部审核实施前应成立审核组,审核组组长由分管院长任命。审核组人员可根据审核范围由3~5人组成,审核员必须具有内审员资格。

通过建立满足自身内部管理需要的教育质量管理体系及满足认证机构要求的质量管理体系,才能确保培养出合格的专业人才,满足社会的人才需求,以适应不断变动的人才市场环境,做到持续改进,提升学院的整体和管理水平,提高信誉度,为学院的可持续发展拓宽道路。

三、管理评审

质量管理体系的建立可以达到教育观念上的突破和管理模式的突破,使服务自觉化,决策科学化,工作规范化,改进制度化,逐步形成科学、系统的管理观念与管理方法。

评审是为确定主题事项达到规定目标的适宜性、充分性和有效性所进行的活动。教育组织的管理评审就是为确定其教学质量管理体系达到质量目标的适应性、充分性和有效性的评审活动,包括质量方针和质量目标在内的正式而系统的全面检查和评价。

通过贯标使学院形成一种规范化管理体制和构架,形成有效的环环相扣的过程化管理机制和主动性的管理工作机制,最终达到事业和效益同增长。在提升管理水平的同时,使组织的团队精神加强,同时可以促进全员素质的提高和整体管理水平的提高。

总之,教育是一个大的系统,通过实施质量管理标准,把ISO9001:2008标准所包含的理念、理论和方法转化为学院自身的一套管理制度对学院的发展是大有益处的。

第三章　教学质量管理体系文件示例

第一节　质量手册示例

××学院教务处

质量手册

（符合 ISO9001:2008）

版　本：B

受控号：

编　制：　　　　　日　期：

审　核：　　　　　日　期：

批　准：　　　　　日　期：

年　月　日发布　　　　　　　　年　月　日实施

0 目录

0.1 发布令

0.2 任命书

0.3 质量方针和质量目标的声明

0.4 目录

1 范围

2 引用标准和术语

2.1 引用标准

2.2 通用术语和定义

2.3 专用术语

3 介绍页

3.1 组织概况

3.2 手册管理

4 质量管理体系

5 管理职责

6 资源管理

7 服务实现

8 测量、分析和改进

9 附录

9.1 组织结构图

9.2 服务流程图

9.3 质量职能分配表

9.4 适用法律法规一览表

9.5 程序文件一览表

9.6 支持性文件一览表

9.7 专业标准一览表

9.8 课程标准一览表

9.9 规章制度一览表

9.10 记录一览表

9.11 质量手册更改记录

	××学院教务处 质 量 手 册	章节号	0.1
		修改码	1
标 题	发 布 令	页 码	1/1

　　为了规范学院教学管理,确保教育服务质量满足顾客(学生、家长、用人单位)要求。本教务处按 ISO9001:2008《质量管理体系 要求》建立了质量管理体系,编制了 B 版《质量手册》,规定了质量管理体系的组织结构、职责范围和质量管理体系各过程的控制要求。

　　《质量手册》是实施学院质量方针、质量目标的纲领性文件,是进行质量管理和质量改进活动的法规性文件。

　　B 版《质量手册》通过审定,现批准发布实施,本学院职工及相关教师应切实遵照执行。

院长:

年　月　日

××学院教务处 质　量　手　册		章节号	0.2
		修改码	1
标　题	任　命　书	页　码	1/1

　　为了贯彻执行 ISO9001:2008《质量管理体系 要求》,加强管理,特任命×××为本学院的管理者代表。

　　管理者代表的职责是:

1. 确保质量管理体系的过程得到建立和保持;

2. 向院长报告质量管理体系的业绩,包括改进的需求;

3. 在学院内促进不断满足顾客(学生、家长、用人单位)要求意识的形成;

4. 负责就质量管理体系有关事宜的对外联络。

院长:

年　月　日

　　根据 ISO9001:2008 标准关于制定质量方针和质量目标的要求,制定了本学院教务处的质量方针和质量目标。

　　质量方针:全面贯彻党的教育方针,以服务为宗旨,以就业为导向,走产学研结合发展道路,为社会主义现代化建设培养高素质技能型专门人才。

　　质量目标:培养学生的社会适应性,教育学生树立终身学习理念,提高学习能力,学会交流沟通和团队协作,提高学生的实践能力、创造能力、就业能力和创业能力,培养德智体美全面发展的社会主义建设者和接班人。

　　学院质量方针和质量目标是质量管理体系建立、保持和持续改进的指导原则,也是进行质量管理体系有效性评价的重要依据。本学院职工及全体教师应认真学习,切实理解质量方针和质量目标的内在含义,并在实际的质量管理活动中贯彻实施。

　　此声明作为对内对外的一致性信息予以公布。

　　　　　　　　　　　　　　　　　　　　　　　　　　　院长:

　　　　　　　　　　　　　　　　　　　　　　　　　　　年　月　日

1.1　覆盖的服务

手册覆盖的教育服务范围包括本教务处向顾客(学生、家长、用人单位)提供的教学服务。

1.2　覆盖的区域

手册覆盖的质量管理体系的区域是与质量管理体系有关的组织内部的机构(教务处、各系及教研室)见附录 9.1 组织机构图。

1.3　覆盖的体系要求

手册覆盖 ISO9001:2008《质量管理体系　要求》的全部内容。

2.1　引用标准

学院教务处建立的质量管理体系是引用 ISO9000：2005《质量管理体系 基础和术语》和 ISO9001：2008《质量管理体系 要求》。

2.2　通用术语和定义

手册采用 ISO9000：2005《质量管理体系 基础和术语》中的术语和定义。

2.3　专用术语

3.1　组织概况

3.1.1　××学院教务处现有处长 1 人,专职教学管理人员 5 人,员工 3 人。它是在院长和主管教学院长领导下管理教学业务的机构,负责对教学工作进行计划、组织、协调控制,建立正常的教学秩序,保证教学工作的顺利运行,提高教学质量。

3.1.2　学院教务处曾先后开发了《综合教务管理系统》、《教师业务档案》、《网上评教系统》、《题库管理系统》、《成绩查询系统》等一系列教学管理软件,在教学管理、成绩管理、排课管理、学生选课、教学质量测评、考试报名等各个方面均实现了网络化办公,为教学管理现代化创造了条件,有力地推动了管理效率和水平的提高。

3.1.3　学院教务处始终坚持以转变教育思想和观念为先导,改革人才培养模式,加强教学基本建设,完善教学质量管理和激励机制,深化教学管理改革,不断提高办学质量和办学效益。

3.2　手册管理

3.2.1　质量手册由院长批准发布。

3.2.2　质量手册的发放、修改及换版等工作由教务处秘书统一归口管理。

3.2.3　质量手册为 B 版。

3.2.4　质量手册持有人员有妥善保管质量手册的责任,不得复印、外借和外送。

3.2.5　执行过程中,工作人员有权对质量手册提出修改建议,对质量手册实质性内容的修改由主管教学院长批准,在正式修改前应按原条款进行,任何人不准随意修改。

3.2.6　质量手册的审查每年进行一次,质量手册的换版按实际情况和要求决定,原则上规定每三年进行一次。

4.1　总要求

学院教务处根据 ISO9001:2008《质量管理体系 要求》,为保证所形成的文件有效性和充分性,在策划中做到:

a) 确定了拟建立的质量管理体系所需的过程及其在组织中的应用。

(1) 策划过程:本质量手册策划过程为 ISO9001:2008 标准第 4.1 条、5.4.2 条和 7.1 条的内容。

(2) 直接过程为第 7 章。

(3) 支持性过程:

—管理职责采用本质量手册第 5 章;

—资源管理采用本质量手册第 6 章全部内容;

—测量、分析和改进采用本质量手册第 8 章全部内容。

(4) 过程的运行有:根据教学服务过程绘制服务流程图,见质量手册 9.2 章,本学院教学服务过程,对教职工加以控制。

b) 确定了这些过程的顺序和相互作用。

——直接过程的顺序。

7.1 教育服务实现的策划—7.2 与顾客有关的过程—7.3 设计和开发过程—7.4 采购—7.5 教育服务的提供—7.6 监视和测量装置的控制。

——过程间的作用。

间接过程是支持直接过程运作和对这些过程进行监视;直接过程和间接过程相互关联,相互作用,构成的质量管理体系的动态的 PDCA 循环,如图 3.1.1 所示。

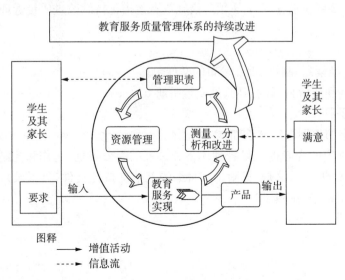

图 3.1.1　教育服务质量管理体系过程模式

c) 确定了为确保这些过程的有效运行和控制所需要的准则和方法。

为确保过程的有效运作,学院教务处的质量管理体系文件分四个层次,第一层文件为"质量手册",称之为纲领性文件,对下层文件具有约束作用;第二层文件为"程序文件",是质量手册的支持性文件;第三层文件是作业指导书,是质量管理体系的运行的文件;第四层是质量记录,为质量管理体系的证实性文件。

d) 确保可以获得必要的资源和信息,以支持这些过程的运行和对这些过程的监视。

—为质量管理体系配备必要的资源,以支持这些过程的有效运作;6.1资源提供,6.2人力资源,6.3基础设施,6.4工作环境。

—收集质量管理体系过程运行的监视和测量信息、顾客满意度方面的信息,以及确定为保证这些过程的有效性和控制准则和方法。

—通过过程的输入、输出实现过程及总体测量,顾客满意度的测量,对过程有效运作进行控制。

e) 监视、测量(适用时)和分析这些过程。

—通过8.2.1顾客满意,8.2.2内审,监视、测量和分析质量管理体系的持续性、有效性、符合性、适宜性。

—通过对8.2.3过程的监视和测量与8.2.4产品的监视和测量,8.3不合格品控制。

—通过8.4数据分析寻找改进方向。

f) 实施必要的措施,以实现这些过程策划的结果和对这些过程的持续改进。

—8.5.1持续改进管理和使用这些数据和信息,与预定的质量方针、质量目标,或与竞争对手的水平进行比较,找出差距,采取必要的措施,以实现过程策划和对它们的持续改进。

—通过8.5.2纠正措施,8.5.3预防措施等有效措施持续改进质量管理体系的有效性。

4.2　文件要求

4.2.1　总则

学院教务处经策划,制订、批准发布的文件包括:

a) 质量方针和质量目标的声明(见质量手册0.3);

b) 本质量手册;

c) 标准要求的6种程序文件和21种记录;

d) 教务处确定的为确保质量管理体系和过程的有效策划、运作和控制编制了16个程序文件,包括相关的法律、法规(见附录)、自编的其他支持性文件(见附录)及标准要求的和体系需要的47个记录(见附录)。

4.2.2　质量手册

学院教务处编制和保持的质量手册包括：

a) 质量管理体系的范围(见本质量手册第 1 章)；

b) 对质量管理体系形成文件的程序的引用(见本质量手册及附录)；

c) 质量管理体系过程之间相互作用的表述(见本质量手册、程序文件和其他支持性文件)。

4.2.3 文件控制

4.2.3.1 学院教务处建立实施并保持 PD 4.2.3-01《文件控制程序》,以保证质量管理体系文件的有效性。

4.2.3.2 学院教务处秘书负责质量管理体系文件的归口管理。

4.2.3.3 学院教务处自编的文件,在发布前都要有主管教学院长批准,以确保文件是充分和适宜的。

4.2.3.4 每年组织对现行文件的适宜性进行一次评审,需要更新的文件履行再次批准手续。

4.2.3.5 按文件控制程序中的更改的要求,实施文件更改,更改的文件要更换修改码,换版文件要更换版号。

4.2.3.6 文件持有人有责任保管好自己的文件,保持清晰、完整、易于识别。

4.2.3.7 外来文件由管理者代表审查其适用性,并加盖"受控"印章。

4.2.3.8 作废文件(包括作废页),加盖"作废"章或及时批准登记销毁。需保留的在盖"作废"章之后加盖"保留"印章。

4.2.4 记录的控制

4.2.4.1 学院教务处建立实施并保持 PD 4.2.4-01《记录控制程序》,以保证提供服务和质量管理体系运行证据的有效性。

4.2.4.2 学院教务处秘书负责受控记录的归口管理。

4.2.4.3 所有记录均以编码作为记录受控标识,编号作为每份记录的受控标识。

4.2.4.4 规定每份记录的保存期限,确保适宜的贮存环境,防止丢失、损坏和变质。

4.2.4.5 规定记录的更改控制,保证使记录的填写格式和填写内容的更改处于受控状态。

4.2.4.6 各种记录填写应真实、完整、保持清晰、易于识别和检索。

4.3 支持性文件

PD 4.2.3-01《文件控制程序》；

PD 4.2.4-01《记录控制程序》。

5.1　管理承诺

作为学院教务处主任,应意识到"领导作用"原则的重要性,通过以下活动可建立、实施质量管理体系并持续改进其有效性的承诺提供证据:

a) 在教务处内传达满足顾客和法律法规要求的重要性;

b) 制定质量方针;

c) 确保质量目标的制定;

d) 进行管理评审;

e) 确保资源的获得。

5.2　以顾客为关注焦点

学院教务处的领导把顾客作为关注焦点,确保:

a) 制定顾客(学生、家长、用人单位)满意的目标,并进行定期测量和分析;

b) 确定顾客(学生、家长、用人单位)的要求,并形成本学院教务处的文件;

c) 通过实施质量管理体系要求,使顾客(学生、家长、用人单位)要求予以满足。

5.3　质量方针

5.3.1　学院教务处主任应确保质量方针:

a) 与学院宗旨相适应;

b) 包括对满足要求和持续改进质量管理体系有效性的承诺;

c) 提供制定和评审质量目标的框架。

5.3.2　学院教务处主任制定的质量方针见本质量手册 0.3《质量方针和质量目标的声明》。

5.3.3　学院教务处主任确保质量方针的贯彻执行。

a) 在本学院内得到沟通和理解;

b) 在持续适宜性方面得到评审。

5.4　策划

5.4.1　质量目标

5.4.1.1　学院教务处主任制定的质量目标见本质量手册 0.3《质量方针和质量目标的声明》。

5.4.1.2　学院教务处建立实施并保持 PD 5.3-01《质量方针和质量目标管理程序》,以确保本学院教务处质量方针和目标的制定,展开、实施、评审、考核和更新处于受控状态。

5.4.2　质量管理体系策划

5.4.2.1　策划结果形成的文件是指含本质量手册在内的全部质量管理体系文件。

5.4.2.2　在对质量管理体系的变更进行策划和实施时,按本质量手册 4.2 文件控制的要求进行,保持质量管理体系的完整性。

5.5　职责、权限和沟通

5.5.1　职责和权限

　　学院主管教学院长确定了本学院教务处与质量管理体系相适应的组织结构,确定了质量职能分配表,规定了教务主任的质量职责,批准了教务处的质量职责和教学督导的质量职责(包括权限及相互关系)。

5.5.1.1　主管教学院长的质量职责

　　a) 向本学院传达满足顾客和法律法规要求的重要性;

　　b) 通过一系列活动,对建立、实施质量管理体系并持续改进其有效性的承诺提供证据;

　　c) 以增进顾客(学生、家长、用人单位)满意为目的,确保顾客(学生、家长、用人单位)的要求得到确定并予以满足;

　　d) 确保制定质量方针;

　　e) 确保建立质量目标。

5.5.1.2　教务处质量职责

　　a) 负责教育服务实现策划的归口管理;

　　b) 负责专业和课程设计和开发的归口管理;

　　c) 负责教学服务的管理及过程监视和测试;

　　d) 负责全院教材的订购和发放工作;

　　e) 负责本部门质量目标的展开和实施;

　　f) 参加管理评审,提供所需的信息,提出改进建议,并负责实施院长的决定;

　　g) 配合、参与本学院人力资源的管理;

　　h) 负责本部门使用的设备设施的管理;

　　i) 参与对供方的评价和监控;

　　j) 负责本部门各类服务标识和服务设备、设施状态标识的施加和保持;

　　k) 参与合同评审;

　　l) 负责收集顾客意见和投诉信息,向院办公室反馈;

　　m) 按计划安排接受审核,并对已发现的不合格采取纠正措施;

　　n) 负责本部门的服务质量日评定、周评定;

　　o) 负责本部门不合格的识别和报告、评审和处置;

　　p) 负责本部门纠正措施的制定与实施;

　　q) 负责本部门预防措施的制定与实施。

5.5.1.3　教学督导质量职责

　　a) 负责教育服务过程的检查评定工作;

　　b) 负责参与考试监考;

　　c) 参与管理评审。

5.5.2 管理者代表

5.5.2.1 院长应在管理层中指定一名学院的管理人员为管理者代表(见任命书)。

5.5.2.2 管理者代表有以下职责与权限:

　　a) 确保质量管理体系中所需的过程得到建立、实施和保持;

　　b) 向院长报告质量管理体系的业绩和任何改进的要求;

　　c) 确保在本学院内提高满足顾客(学生、家长、用人单位)要求的意识;

　　d) 负责与质量管理体系有关事项的各种对外联络工作。

5.5.3 内部沟通

院长应确保在学院内部建立适当的沟通方法,确保管理体系的有效性进行沟通。

5.6 管理评审

5.6.1 总则

管理者代表协助院长做好评审计划、评审准备、评审实施以及评审后改进的跟踪检查。

评审的内容包括质量方针和质量目标的评审,评审的着重点在于确定质量管理体系改进的机会和变更的需求。

5.6.2 评审输入

管理评审的输入应包括以下方面的信息:

　　a) 审核结果;

　　b) 顾客(学生、家长、用人单位)反馈;

　　c) 过程的业绩和产品的符合性;

　　d) 预防和纠正措施的状况;

　　e) 以往管理评审的跟踪措施;

　　f) 可能影响质量管理体系的变更;

　　g) 改进的建议。

5.6.3 评审输出

管理评审的输出应包括与以下方面有关的任何决定和措施:

　　a) 质量管理体系及其过程有效性的改进;

　　b) 与顾客(学生、家长、用人单位)要求有关的产品的改进;

　　c) 资源要求。

5.7 支持性文件

PD 5.3-01《质量方针和质量目标管理程序》。

6.1 资源提供

学院教务处通过质量管理体系所要求的策划、评审、分析和改进活动,确定并提供所需的资源,以便:

a) 实施、保持质量管理体系,并持续改进其有效性;

b) 通过满足顾客(学生、家长、用人单位)需求,增强顾客(学生、家长、用人单位)满意。

6.2 人力资源

6.2.1 总则

学院教务处建立实施并保持 PD 6.2-01《人力资源管理程序》,以确保从事影响产品符合要求的人员都是能够胜任的。

6.2.2 能力、培训和意识

学院教务处将:

a) 确定从事影响教学服务符合质量要求的各类工作人员所必要的能力;

b) 适用时提供培训或进修等其他措施,以获得教学所需的能力;

c) 评价所采取进修等措施的有效性;

d) 确保教职工意识到所从事活动的相关性和重要性,以及如何为实现教育服务质量目标做出贡献;

e) 保持教职工教育、培训、技能和经验的适当记录。

6.3 基础设施

学院教务处应确定,提供并维护为达到教学服务符合要求所需的下列基础设施:教室、实验室、体育教学器材。

6.4 工作环境

学院教务处应确定并管理为达到教学服务符合要求的工作环境。如:清洁、明亮、采光良好的教室等。

6.5 支持性文件

PD 6.2-01《人力资源管理程序》。

7.1 教育服务实现的策划

7.1.1 学院教务处运用"过程方法"原理,研究学院教育服务提供所需的过程,对每个教育服务过程的输入控制、输出控制、活动控制和所需资源的要求进行了分析,用程序文件和其他文件输出了策划结果,并按照质量管理体系职能分配,编写了程序文件和相关的支持性文件。

7.1.2 教育服务实现的策划与质量管理体系其他过程的要求相一致,在对教育服务实现策划时,学院教务处确定以下方面的内容:

    a) 提供教育服务的质量目标和要求;

    b) 针对教育服务确定过程、文件和资源需求;

    c) 教育服务所需的验证与确认,以及教育服务接收准则;

    d) 为实现教育服务过程及其服务满足要求提供证据所需的记录。

7.2 与顾客有关的过程

7.2.1 教育与服务有关要求的确定

    学院教务处提供的教育服务是为顾客(学生、家长、用人单位)提供学习、训练等服务。服务要求的确定包括:

    a) 顾客(学生、家长、用人单位)明示的要求,包括服务结束后的后续服务的要求;

    b) 顾客(学生、家长、用人单位)虽没有明示,但规定的用途或已知的预期用途所必需的要求;

    c) 适用学院教育服务的法律法规要求;

    d) 学院所需考虑的其他附加要求。

7.2.2 与教育服务有关要求的评审

    在学院向顾客(学生、家长、用人单位)提供服务承诺前进行评审,并确保:

    a) 教育服务要求得到规定;

    b) 与以前表述不一致的要求已予解决;

    c) 学院教务处有能力满足规定的要求。

7.2.3 顾客沟通

7.2.3.1 学院教务处与顾客(学生、家长、用人单位)沟通的内容包括:

    a) 教育服务信息,如班级数、人数及上学(课)时间等。

    b) 问询、通知或联系单的处理和修改;

    c) 顾客(学生、家长、用人单位)反馈,包括顾客(学生、家长、用人单位)抱怨。

7.3 设计和开发

    学院教务处制定实施并保持 PD 7.3-01《教育服务设计和开发控制程序》,规范本学院教育服务的设计和开发。

7.3.1 设计和开发的策划

7.3.1.1 教务处负责新专业和新课程设计和开发的策划工作,设计和开发的策划应编制设计开发计划,以确定:

　　a) 设计和开发阶段;

　　b) 适合每个设计和开发阶段的评审、验证和确认活动;

　　c) 设计和开发的职责和权限;

　　d) 规定接口事项的管理,确保有效的沟通,并明确职责分工。

7.3.1.2 需要时,设计开发计划随设计和开发的进展予以更新。

7.3.2 设计和开发的输入

7.3.2.1 设计和开发任务书规定输入要求,包括:

　　a) 学院教育服务的特性要求;

　　b) 适用的法律法规要求;

　　c) 适用时,以前同类学院教育服务设计提供的信息;

　　d) 学院教育服务设计所必须的其他要求。

7.3.2.2 设计和开发部门对这些输入的充分性进行评审,保证输入要求完整、清楚并且不能自相矛盾。

7.3.3 设计和开发输出

7.3.3.1 设计和开发输出形成的文件,应以能够针对设计和开发输入进行验证的方式提出,这些文件应:

　　a) 满足设计和开发输入的要求;

　　b) 为教育服务提供适当信息;

　　c) 包括或引用的学院服务提供的验收准则;

　　d) 规定学院教学服务所必须的特性。

7.3.3.2 输出的设计和开发文件,在发布使用前得到批准。

7.3.4 设计和开发评审

7.3.4.1 设计和开发部门按照设计和开发计划规定的阶段进行系统的设计和开发评审:

　　a) 专业教学计划的评审;

　　b) 教学大纲的评审;

　　c) 其他新服务项目服务规范的评审。

7.3.4.2 评审的人员包括与所评审的设计和开发阶段有关的职能人员或其代表。

7.3.4.3 评审的目的在于:

　　a) 评价设计和开发结果满足要求的能力;

　　b) 识别任何问题并提出必要的措施。

7.3.4.4 评审的结果及任何必要措施的记录,应予以保持。

7.3.5 设计和开发验证

7.3.5.1 为确保设计和开发输出满足输入要求,应对学院教学服务的效果验证。

7.3.5.2 验证以评价、对比的方式进行。

7.3.5.3 验证结果及任何必要措施的记录应予以保持。

7.3.6 设计和开发确认

7.3.6.1 为确保新开发的教育服务项目能满足规定的顾客要求,按策划的安排以向顾客(学生、家长、用人单位)试服务的方式确认。

7.3.6.2 应做好试服务确认记录,对服务结果引发的必要的措施的记录也予以保持。

7.3.7 设计和开发更改的控制

7.3.7.1 在设计和开发过程以及服务提供过程中发生的设计更改,应进行更改的评审、验证和确认,并在实施更改前得到批准。

7.3.7.2 设计和开发更改的评审应着重于评价更改后交付服务的影响。

7.3.7.3 更改的评价结果及任何必要措施的记录应予以保持。

7.4 采购

7.4.1 采购过程

7.4.1.1 学院教务处确保采购的各类物品、图书及服务符合规定的采购要求,对供方及采购的物品、教材、图书及服务控制类型和程度取决于他们对教育服务实现的影响大小。

7.4.1.2 学院教务处根据供方按本学院的要求提供物品、教材、图书及外聘教师的服务能力评价和选择供方。

7.4.1.3 评价结果及评价所引起的任何必要措施的记录,均予以保持。

7.4.2 采购信息

采购计划或信息表拟采购的物品、图书资料及服务。包括下列要求:

a) 物品、图书、服务、程序和过程的批准要求;

b) 人员资格(如代课教师)的要求;

c) 教育服务质量管理体系的要求。

在与供方沟通前,本学院教务处确保规定的上述要求是充分与适宜的。

7.4.3 采购产品的验证

7.4.3.1 学院教务处确定并实施验收或验证活动,以确保采购的物品、图书和服务满足规定的采购要求。

7.4.3.2 外聘教师验证高校教师资格证和本科学历以上,并在代课后进行考评验证。

7.4.3.3 当学院教务处拟在供方的现场实施验收或验证时,本学院教务处在采购计划或信息中对拟验收或验证的安排和产品放行的方法作出规定。

7.5 生产和服务提供

7.5.1 服务提供的控制

7.5.1.1　学院教务处建立实施并保持 PD 7.5.1-01《教学服务控制程序》、PD 7.5.1-02《毕业设计(论文)管理程序》、PD 7.5.1-03《毕业实习管理程序》,规范了各种服务过程,使服务提供处于受控状态。

7.5.1.2　学院教务处对教育服务提供的全部过程按相关程序进行规范管理,确保教育服务在受控状态下进行,受控条件包括:

　　a) 获得表述教育服务特性的信息;

　　b) 获得作业指导书(教学大纲、教案编写指导书);

　　c) 使用适宜的设备(电教设备、试验设备、操作练习设备);

　　d) 获得和使用监视与测量装置;

　　e) 实施监视和测量;

　　f) 教育服务和教育服务后活动的实施。

7.5.2　服务提供过程的确认

7.5.2.1　学院教务处向顾客(学生、家长、用人单位)提供的教育服务,在教育服务已交付之后问题才显现,这类过程称为特殊过程。

7.5.2.2　为证实这些过程实现所策划的结果的能力,本学院教务处建立实施并对这些过程作出安排,包括:

　　a) 服务过程的评审和批准所规定的准则;

　　b) 设备的认可和人员资格的鉴定。

　　c) 使用特定的方法和程序;

　　d) 纪录的要求;

　　e) 再确认。

7.5.3　标识和可追溯性

7.5.3.1　学院教务处在教育服务实现的全过程使用适宜的方法识别产品。如采用班号、学号等进行学籍管理。

7.5.3.2　学院教务处对监视和测量要求识别产品或服务的状态,如学生成绩的等级。

7.5.3.3　在有可追溯性要求的场合,本学院教务处已控制并记录产品的惟一性标识,如学生的学号等。

7.5.4　顾客财产

　　学院教务处爱护在其控制下的学生财产。若发生财产丢失或被偷盗,应及时报告学生或其家长并保持记录。

7.5.5　产品防护

　　学院教务处建立教材管理制度,由教材管理员归口管理,规定服务所需物品的标识、搬运、贮存和和防护。

7.6　监视和测量装置的控制

7.6.1 学院教务处已确定需实施的监视和测量以及所需的监视和测量装置,为教育服务符合确定的要求提供依据。

7.6.2 当计算机软件用于规定要求的监视和测量时,应确认其满足预期用途的能力。确认应在初次使用前进行,必要时定期再确认。

7.7 支持文件

　　PD 7.3-01《教学服务的设计和开发控制程序》;

　　PD 7.5.1-01《教学服务控制程序》;

　　PD 7.5.1-02《毕业设计(论文)管理程序》;

　　PD 7.5.1-03《毕业实习管理程序》。

8.1 总则

8.1.1 学院教务处以持续改进质量管理为永恒的目标,对所需的监视、测量、分析和持续改进过程进行策划,以便:

　　a)证实提供的服务符合要求;

　　b)确保质量管理体系的符合性;

　　c)持续改进质量管理体系的有效性。

8.1.2 在测量、分析和改进过程中,本学院教务处确定了适用的统计技术及应用程度。

8.2 测量和监视

8.2.1 顾客满意

8.2.1.1 学院教务处建立实施并保持 PD 8.2.1-01《顾客满意测量控制程序》,以确保对质量管理体系业绩的测量,持续满足顾客(学生、家长、用人单位)的要求。

8.2.1.2 学院教务处负责管理并组织实施对顾客(学生、家长、用人单位)的满意程度进行测量,规定了确定顾客(学生、家长、用人单位)满意程度的方法和要求。

8.2.2 内部审核

8.2.2.1 学院教务处建立实施并保持 PD 8.2.2-01《内部审核程序》,以确保质量管理体系的符合性和有效性。

8.2.2.2 由教务处主任主持,按策划的时间间隔进行内部审核。

8.2.2.3 审核方案控制。考虑拟审核的过程和区域的状态及重要程度和以往审核的结果,规定审核的准则、范围、频次和方法,制定具体的审核计划,保证审核方案的有效性。

8.2.2.4 审核人员的控制。审核员应具备相应的资格,审核员的选择和审核的实施应确保审核过程的客观性和公正性。

8.2.2.5 审核准备实施和报告控制。策划、准备、实施及报告结果和记录保持的职责和要求在 PD 8.2.2-01《内部审核程序》中作出规定,由归口管理部门进行监控。

8.2.2.6 纠正措施的控制。针对内部审核发现的不合格及时采取纠正措施,以消除所发现的不合格及其原因。

8.2.3 过程的监视和测量

　　学院教务处对质量管理体系的各个过程都设置了输出控制点,按照控制点的要求对各过程进行监视和测量,识别存在的问题,以持续改进质量管理体系的各过程,提高业绩。

8.2.4 产品的监视和测量

8.2.4.1 本学院教务处建立实施并保持 PD 8.2.3-01《教育服务过程检查、评估控制程序》和 PD 8.2.4-01《教育服务质量评定控制程序》,以确保教学及教育服务质量持续满足规定的要求。

8.2.4.2 教务处对采购的教材、图书资料等进行检查和验证;教师对学生的学习成绩进行考试或考查。监视和测量已依据所策划的安排,即教学计划等,以其实现过程的适当阶段进行。

8.2.4.3　教务处保持符合接收准则,如升级、毕业的证据。记录中已指明有权放行产品或服务的人员。

8.2.4.4　除非得到有关授权人员的批准,必要时得到学生家长的批准,否则在策划的安排已圆满完成之前,不应放行产品和交付服务。

8.3　不合格品控制

8.3.1　学院教务处建立实施并保持 PD 8.3-01《不合格服务控制程序》,以确保不符合要求的产品(教育服务)得到识别和控制,以防止非预期的使用或交付。

8.3.2　教务处秘书负责不合格品控制的归口管理,有关不合格品的评审和处理,具体职责权限在程序文件中作出规定。

8.3.3　对采购产品中不合格和服务中的不合格服务的处置方法包括:

　　a) 采取措施,消除发现的不合格;

　　b) 通过拒收、退货、更换或降价处理,防止不合格品非预期使用或交付;

　　c) 向顾客(学生、家长、用人单位)赔礼道歉,赔偿顾客损失或追加服务。

　　d) 当在交付或使用后发现不合格时,及时与顾客(学生、家长、用人单位)协商,采取相应措施,及时处置,所采取的措施与不合格的影响或潜在影响程度相适应,把可能给顾客(学生、家长、用人单位)造成的损失减少到最低限度。

8.3.4　对纠正后产品再次进行验证,以证实其符合要求。

8.3.5　保持不合格的性质和随后采取任何措施的记录,包括批准让步使用的记录。

8.4　数据处理

8.4.1　学院教务处建立实施并保持 PD 8.4-01《数据分析程序》,以确保质量管理体系的适宜性和有效性,并评价在何处可以进行质量管理体系的持续改进。

8.4.2　教务处秘书负责数据分析的归口管理,这些数据包括:

　　a) 顾客(学生、家长、用人单位)满意监视和测量结果的数据;

　　b) 审核结果的数据;

　　c) 过程能力确认和测量结果的数据;

　　d) 教育服务质量评定结果的数据;

　　e) 其他来源的数据。

8.4.3　针对不同的分析项目,确定统计方法的应用,或建立必要的分析模型,定期用计算机进行分析。

8.4.4　通过数据分析,提供以下信息:

　　a) 顾客(学生、家长、用人单位)满意的程度;

　　b) 教育服务的符合程度,存在的主要问题;

　　c) 过程服务的特性及其趋势,包括采取预防措施的机会;

　　d) 供方的变化。

8.5　改进

8.5.1　持续改进

　　学院教务处利用质量方针、质量目标、审核结果、数据分析、纠正和预防措施以及管理评审持续改进质量管理体系的有效性。

8.5.2　纠正措施

8.5.2.1　学院教务处建立实施并保持 PD 8.5.2-01《纠正措施程序》,以便对不合格品(教育服务)以及不合格过程的项目采取纠正措施,消除不合格的原因,防止其再发生,并使纠正措施所起的纠正作用能与所遇到不合格的影响程度相适应。

8.5.2.2　教务处秘书负责纠正措施的归口管理,有关的纠正措施活动,具体职责在程序文件中作出规定。

8.5.2.3　纠正措施的实施要求包括:

　　a) 对已发生的不合格进行评审[包括顾客(学生、家长、用人单位)抱怨];

　　b) 分析不合格产生的原因,并予以确认;

　　c) 评价确保不合格不再发生的措施的需求;

　　d) 确定和实施消除不合格原因所需要采取的措施;

　　e) 记录所采取纠正措施和纠正措施实施的结果;

　　f) 对纠正措施进行跟踪验证,并评审所采取的纠正措施是否达到预期目的,是否与所遇到不合格的影响程度相适应。

8.5.3　预防措施

8.5.3.1　学院教务处建立实施并保持 PD 8.5.3-01《预防措施程序》,以确定预防措施,消除潜在不合格原因,防止不合格的发生,并使预防措施与潜在问题的影响程度相一致。

8.5.3.2　教务处秘书负责预防措施的归口管理,有关的预防措施活动,具体职责在程序文件中规定。

8.5.3.3　预防措施的实施要求包括:

　　a) 确定潜在不合格及其原因;

　　b) 评价防止不合格发生的措施的需求;

　　c) 确定和实施所需的措施;

　　d) 记录所采取措施的结果;

　　e) 评审所采取的预防措施的有效性。

8.6　支持性文件

　　PD 8.2.1-01《顾客满意测量控制程序》;

　　PD 8.2.2-01《内部审核程序》;

　　PD 8.2.3-01《教育服务过程检查、评估控制程序》;

PD 8.2.4-01《教育服务质量评定控制程序》；

PD 8.3-01《不合格服务控制程序》；

PD 8.4-01《数据分析程序》；

PD 8.5.2-01《纠正措施程序》；

PD 8.5.3-01《预防措施程序》。

9 附录
9.1 组织结构图

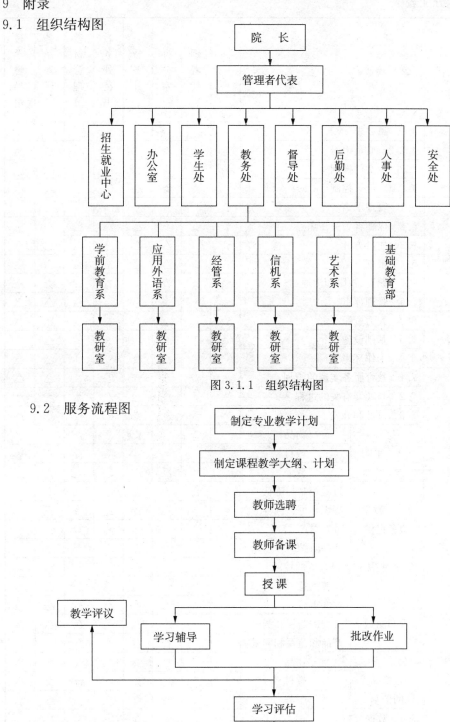

图 3.1.1 组织结构图

9.2 服务流程图

图 3.1.2 服务流程图

9.3 质量职能分配表

要素			院长	管理者代表	办公室	教务处	教务处秘书	教材管理员	各系教研室	教学督导组
4 质量管理体系	4.1 总要求		☆							
	4.2.2 质量手册			☆	☆	△	△	△	△	△
	4.2.3 文件控制		☆	☆	☆	△	○	△	△	△
	4.2.4 记录控制			☆	☆	△	○	△	△	△
5 管理职责	5.1 管理承诺		☆							
	5.2 以顾客为关注焦点		☆	☆	△	△	△	△	△	△
	5.3 质量方针		☆		△	△	△	△	△	△
	5.4 策划		☆	☆	△	△	△	△	△	△
	5.5 职责、权限和沟通		☆	☆	☆	☆	☆	☆	☆	△
	5.6 管理评审		☆			△	△	△	△	△
6 资源管理	6.2 人力资源		☆		△	△	△	△	△	△
	6.3 基础设施		☆		△	△	△	△	△	△
	6.4 工作环境				△	☆			△	△
7 服务实现	7.1 教育服务实现的策划			☆	△	☆	○			
	7.2 与顾客有关的过程				△	△	△	△	△	△
	7.3 设计和开发			☆		☆	○			
	7.4 采购	物品			☆	☆		☆		
		教材						☆	△	
		劳务			△	△	○		☆	△
	7.5 教学服务提供	过程控制与确认		☆	☆	☆			☆	
		标识和可追溯性			△	☆	△		△	△
		顾客财产				☆	△		☆	
		产品防护			△	☆	△	☆	△	△
	7.6 监视和测量装置的控制				△	☆	△		△	△
8 测量、分析和改进	8.2 监视和测量	顾客满意			☆	△	△	△	△	△
		内部审核			☆	☆				
		过程的监视和测量				△	△			☆
		产品和监视和测量					☆	△			
	8.3 不合格品的控制	物品			△	☆	△	☆	△	△
		教材			△	☆		☆	☆	△
		服务				☆	△		△	△
	8.4 数据分析					☆	☆	○		
	8.5 改进	纠正措施	☆	☆	○	☆	○	☆	△	△
		预防措施	☆	☆	○	☆	○	☆	△	△

注：☆为主管过程　△为相关过程　○为归口管理

9.4 适用法律法规一览表

序号	名　　称	施行时间
1	中华人民共和国教育法	1995 年 3 月 18 日颁布施行
2	教师法	1993 年 10 月 31 日颁布施行
3	教师资格条例	1995 年 12 月 12 日颁布施行
4	中华人民共和国高等教育法	1999 年 1 月 1 日施行
5	中华人民共和国职业教育法	1996 年 9 月 1 日施行
6	民办教育促进法	2003 年 9 月 1 日施行
7	中国教育改革和发展纲要	1993 年 2 月 26 日颁布施行
8	中共中央、国务院关于深化教育改革全面推进素质教育的决定	1999 年 6 月 13 日颁布施行
9	国务院关于大力推进职业教育改革与发展的决定	2002 年 9 月 24 日颁布施行
10	教育督导暂行规定	1991 年 4 月 26 日发布施行

9.5 程序文件一览表

序号	文件编码	文件名称
1	PD 4.2.3-01	文件控制程序
2	PD 4.2.4-01	记录控制程序
3	PD 5.3-01	质量方针和质量目标管理程序
4	PD 6.2-01	人力资源管理程序
5	PD 7.3-01	教育服务的设计和开发控制程序
6	PD 7.5.1-01	教学服务控制程序
7	PD 7.5.1-02	毕业设计(论文)管理程序
8	PD 7.5.1-03	毕业实习管理程序
9	PD 8.2.1-01	顾客满意测量控制程序
10	PD 8.2.2-01	内部审核程序
11	PD 8.2.3-01	教育服务过程检查、评估程序
12	PD 8.2.4-01	教育服务质量评定控制程序
13	PD 8.3-01	不合格控制程序
14	PD 8.4-01	数据分析程序
15	PD 8.5.2-01	纠正措施程序
16	PD 8.5.3-01	预防措施程序

9.6 支持性文件一览表

程序文件编码	程序文件名称	序号	作业文件编码	文件名称
PD 4.2.3-01	文件控制程序	1	WD 4.2.3-01-01	文件受控清单
		2	WD 4.2.3-01-02	文件及记录的号码说明
		3	WD 4.2.3-01-03	文件台账
PD 4.2.4-01	记录控制程序	4	WD 4.2.4-01-01	受控记录一览表
PD 5.3-01	质量方针和质量目标管理程序	5	WD 5.3-01-01	质量方针和质量目标的声明
		6	WD 5.3-01-02	部门质量目标展开表
		7	WD 5.3-01-03	岗位质量目标展开表
		8	WD 5.3-01-04	质量目标考核奖惩制度
PD 7.3-01	教育服务的设计和开发控制程序	9	WD 7.3-01-01	设计开发立项书
		10	WD 7.3-01-02	教育服务规范
		11	WD 7.3-01-03	设计和开发计划
PD 7.5.1-01	教学服务控制程序	12	WD 7.5.1-01-01	教学计划编制指导书
		13	WD 7.5.1-01-02	××专业教学计划
		14	WD 7.5.1-01-03	学期教学计划
		15	WD 7.5.1-01-04	学院教务教学工作运行表
		16	WD 7.5.1-01-05	××部门工作计划
		17	WD 7.5.1-01-06	教学大纲编制指导书
		18	WD 7.5.1-01-07	××课程教学大纲
		19	WD 7.5.1-01-08	制订授课计划的规定
		20	WD 7.5.1-01-09	××课程授课计划
		21	WD 7.5.1-01-10	课程表编制指导书
		22	WD 7.5.1-01-11	学期课程总表
		23	WD 7.5.1-01-12	××部门课程一览表
		24	WD 7.5.1-01-13	教案编写指导书
		25	WD 7.5.1-01-14	课堂教学规范
		26	WD 7.5.1-01-15	试卷编写规范
		27	WD 7.5.1-01-16	考试管理规定
		28	WD 7.5.1-01-17	监考守则
		29	WD 7.5.1-01-18	考试巡视制度
		30	WD 7.5.1-01-19	考场规则
		31	WD 7.5.1-01-20	评卷规范
		32	WD 7.5.1-01-21	实践教学规范

程序文件编码	程序文件名称	序号	作业文件编码	文件名称
PD 7.5.1-02	毕业设计（论文）管理程序	33	WD 7.5.1-02-01	毕业设计、毕业论文工作规程
		34	WD 7.5.1-02-02	毕业设计（论文）对指导教师的要求
		35	WD 7.5.1-02-03	开题报告要求
		36	WD 7.5.1-02-04	毕业设计、毕业论文选题原则及要求
		37	WD 7.5.1-02-05	毕业设计、毕业论文指导教师的职责
		38	WD 7.5.1-02-06	毕业设计（论文）要求
		39	WD 7.5.1-02-07	毕业设计、毕业论文的成绩评定
		40	WD 7.5.1-02-08	毕业设计、毕业论文统计资料
PD 8.2.1-01	顾客满意测量控制程序	41	WD 8.2.1-01-01	顾客满意的测量方法
PD 8.2.2-01	内部审核程序	42	WD 8.2.2-01-01	内审实施计划
		43	WD 8.2.2-01-02	审核检查表
PD 8.2.3-01	教育服务过程检查、评估控制程序	44	WD 8.2.3-01-01	教学质量评估办法
PD 8.2.4-01	教育服务质量评定控制程序	45	WD 8.2.4-01-01	优秀课程评选指标体系
		46	WD 8.2.4-01-02	优秀课程评选条例
PD 8.3-01	不合格控制程序	47	WD 8.3-01-01	教学事故的认定与处理办法
PD 8.4-01	数据分析程序	48	WD 8.4-01-01	统计技术应用总结报告
PD 8.5.2-01	纠正措施程序	49	WD 8.5.2-01-01	纠正措施评价报告
		50	WD 8.5.2-01-02	纠正措施改进实施计划
PD 8.5.3-01	预防措施程序	51	WD 8.5.3-01-01	预防措施评价报告
		52	WD 8.5.3-01-02	预防措施改进实施计划

9.7 专业标准一览表

ISO9001:2008 条款号	要素	序号	文件编号	文件名称
7.3.3	设计和开发输出	1	7.3.3-00-01-11	学前教育专业标准
		2	7.3.3-00-01-21	应用英语专业标准
		3	7.3.3-00-01-22	应用日语专业标准
		4	7.3.3-00-01-31	工商企业管理专业标准
		5	7.3.3-00-01-32	物流管理专业标准
		6	7.3.3-00-01-33	旅游管理专业标准
		7	7.3.3-00-01-34	电子商务专业标准
		8	7.3.3-00-01-41	计算机网络技术专业标准
		9	7.3.3-00-01-42	汽车技术服务与营销专业标准
		10	7.3.3-00-01-51	广告设计与制作专业标准

9.8 课程标准一览表

ISO9001:2008 条款号	要素	序号	文件编号	文件名称
7.3.3	设计和开发输出	1	WD7.3.3-00-02-101	《0-3岁儿童教养》课程标准
		2	WD7.3.3-00-02-102	《学前儿童社会教养》课程标准
		3	WD7.3.3-00-02-103	《幼儿实用美工》课程标准
		4	WD7.3.3-00-02-104	《幼儿行为观察与行为指导》课程标准
		5	WD7.3.3-00-02-105	《幼儿园计算机教育》课程标准
		6	WD7.3.3-00-02-106	《舞蹈》课程标准
		7	WD7.3.3-00-02-201	《商务英语》课程标准
		8	WD7.3.3-00-02-202	《商务日语》课程标准
		9	WD7.3.3-00-02-301	《会计基础及实训》课程标准
		10	WD7.3.3-00-02-302	《会计基础及实训》课程标准
		11	WD7.3.3-00-02-303	《第三方物流》课程标准
		12	WD7.3.3-00-02-304	《会展旅游管理》课程标准
		13	WD7.3.3-00-02-305	《电子商务综合实训》课程标准
		14	WD7.3.3-00-02-306	《国际贸易实务》课程标准
		15	WD7.3.3-00-02-401	《计算机应用基础》课程标准
		16	WD7.3.3-00-02-402	《C语言》课程标准
		17	WD7.3.3-00-02-403	《网络互连技术》课程标准
		18	WD7.3.3-00-02-404	《网络数据库》课程标准
		19	WD7.3.3-00-02-405	《网络数据库》课程标准
		20	WD7.3.3-00-02-406	《3DMAX建模》课程标准
		21	WD7.3.3-00-02-407	《旧机动车鉴定与评估》课程标准
		22	WD7.3.3-00-02-501	《广告实务》课程标准
		23	WD7.3.3-00-02-502	《综合项目实训》课程标准
		24	WD7.3.3-00-02-503	《设计素描》课程标准
		25	WD7.3.3-00-02-504	《展示设计》课程标准

9.9 规章制度一览表

ISO9001:2008 条款号	要素	序号	文件编号	文件名称
4.2.3	教学文件控制	1	WD4.2.3-01-04	××学院教学管理文件编制办法
5.3	教育质量方针	2	WD5.3-01-05	教育部关于全面提高高等职业教育教学质量的若干意见教高〔2006〕16号
		3	WD5.3-01-06	××学院专业指导委员会工作制度
5.5.1	职责和权限	4	WD5.5.1-00-01	××学院专业指导委员会工作制度
		5	WD5.5.1-00-02	××学院院、系二级教学管理工作实施细则(试行)
		6	WD5.5.1-00-03	××学院教研室工作条例
		7	WD5.5.1-00-04	××学院教师教学工作规范
		8	WD5.5.1-00-05	××学院教学督导工作条例
6.2	人力资源管理	9	WD6.2-01-01	××学院专业带头人岗位设置与管理办法
		10	WD6.2-01-02	××学院关于双师素质教师资格认定与培养工作暂行规定
		11	WD6.2-01-03	××学院专业教师参加企业挂职锻炼管理办法(试行)
		12	WD6.2-01-04	××学院人才培养工作状态数据采集平台建设管理办法
6.3	教学基础设施	13	WD6.3-01-01	××学院教室使用管理规定
7.1	教学服务实现的策划	14	WD7.1-00-01	关于制定2010级人才培养方案的原则性意见
7.3	教学设计和开发	15	WD7.3-01-04	××学院教学管理条例
		16	WD7.3-01-05	××学院教学改革实施办法(试行)
		17	WD7.3-01-06	××学院关于实施项目课程教学改革的暂行条例
		18	WD7.3-01-07	××学院关于课程考核方式方法改革的指导性意见(试行)
		19	WD7.3-01-08	××学院专业设置管理办法
		20	WD7.3-01-09	××学院专业建设管理办法(试行)
		21	WD7.3-01-10	××学院重点专业建设实施办法
		22	WD7.3-01-11	××学院特色专业建设
		23	WD7.3-01-12	××学院课程代码编制办法(试行)
		24	WD7.3-01-13	××学院课程建设管理办法(试行)
		25	WD7.3-01-14	××学院精品课程建设管理办法(试行)

（续表）

ISO9001:2008 条款号	要素	序号	文件编号	文件名称
		26	WD7.3-01-15	××学院创新学分制度实施办法
		27	WD7.3-01-16	××学院关于师德师风建设的实施意见
7.4.1	教学资料采集过程	28	WD7.4.1-00-01	××学院教材管理办法
		29	WD7.4.1-00-02	××学院教学资料管理办法
		30	WD7.4.1-00-03	××学院实训室工作档案及信息资料管理办法（试行）
7.4.2	教学人员资格要求	31	WD7.4.2-00-02	××学院关于外聘教师授课资格及兼课要求的有关规定
		32	WD7.4.2-00-03	××学院兼职教师聘任管理暂行办法
		33	WD7.4.2-00-04	××学院关于外籍教师教学工作的管理规定
7.5.1	教学服务过程控制	34	WD7.5.1-01-22	××学院教学运行管理规范（试行）
		35	WD7.5.1-01-23	××学院教务处工作流程
		36	WD7.5.1-01-24	××学院教学文件编制规范（试行）
		37	WD7.5.1-01-25	××学院教学计划管理办法（试行）
		38	WD7.5.1-01-26	××学院教学大纲的制订与管理办法（试行）
		39	WD7.5.1-01-27	××学院关于排课管理的规定
		40	WD7.5.1-01-28	××学院关于调（停）课的规定
		41	WD7.5.1-01-29	××学院关于教案（课件）、辅导答疑的补充规定
		42	WD7.5.1-01-30	××学院关于"以证代课、以证代学分"的规定
		43	WD7.5.1-01-31	××学院课堂教学规范
		44	WD7.5.1-01-32	××学院关于使用普通话和规范字的规定
		45	WD7.5.1-01-33	××学院关于进一步推进双语教学工作的规定
		46	WD7.5.1-01-34	××学院定期听课制度
		47	WD7.5.1-01-35	××学院有关大作业（考试）的基本要求
		48	WD7.5.1-01-36	××学院课程考核管理办法（试行）
		49	WD7.5.1-01-37	××学院制卷及试卷管理规范（试行）
		50	WD7.5.1-01-38	××学院试卷交接要求
		51	WD7.5.1-01-39	××学院监考守则
		52	WD7.5.1-01-40	××学院教师阅卷评分工作规范（修订）
		53	WD7.5.1-01-41	××学院课程成绩管理办法

68

ISO9001:2008 条款号	要素	序号	文件编号	文件名称
		54	WD7.5.1-01-42	××学院实践教学管理办法
		55	WD7.5.1-01-43	××学院关于加强实践教学的意见(试行)
		56	WD7.5.1-01-44	××学院实训教学管理办法(试行)
		57	WD7.5.1-01-45	××学院校外实践管理办法(试行)
		58	WD7.5.1-01-46	××学院校外实训基地管理办法(试行)
		59	WD7.5.1-01-47	××学院校外实习巡查管理办法
		60	WD7.5.1-01-48	××学院顶岗实习管理实施细则(试行)
		61	WD7.5.1-01-49	××学院学生顶岗实习信息通报办法
		62	WD7.5.1-01-50	××学院实习带队教师工作职责(试行)
		63	WD7.5.1-01-51	××学院校外实习指导教师职责(试行)
		64	WD7.5.1-01-52	××学院选修课程管理办法(试行)
		65	WD7.5.1-01-53	××学院学生技术技能竞赛管理办法(试行)
		66	WD7.5.1-01-54	××学院20 —20 学年第 学期教学计划调整申请表
		67	WD7.5.1-01-55	××学院20 —20 学年第 学期任课教师变动申请表
		68	WD7.5.1-01-56	××学院20 —20 学年第 学期考试模式改革申请表
		69	WD7.5.1-01-57	××学院关于教师工作量的暂行规定
8.2.3	教学服务过程的监视和测量	70	WD8.2.3-01-02	××学院关于建立教学质量保证与监控体系的若干意见(试行)
		71	WD8.2.3-01-03	××学院实践教学质量监控管理办法(试行)
		72	WD8.2.3-01-04	××学院教学检查制度(试行)
		73	WD8.2.3-01-05	××学院学生技能鉴定、考证管理暂行规定
8.2.4	教育教学服务质量评定控制	74	WD8.2.4-01-03	××学院教育教学质量评价实施细则
		75	WD8.2.4-01-04	××学院教师评学办法(试行)
		76	WD8.2.4-01-05	××学院教学改革评价指标体系(试行)
		77	WD8.2.4-01-06	××学院统考课程奖励条例
		78	WD8.2.4-01-07	××学院校外实习评优奖励办法(试行)
		79	WD8.2.4-01-08	××学院校外实习优秀指导教师评选办法(试行)
		80	WD8.2.4-01-09	××学院骨干教师评选及管理办法(试行)
		81	WD8.2.4-01-10	××学院教学名师评选办法(试行)
8.3	不合格品的控制	82	WD8.3-01-02	××学院教学事故的界定与处理办法

9.10 记录一览表

程序文件编码	程序文件名称	序号	记录编码	记录名称
PD 4.2.3-01	文件控制程序	1	QR4.2.3-01-01	文件控制评审表
		2	QR4.2.3-01-02	文件发放回收登记表
		3	QR4.2.3-01-03	文件更改申请表
		4	QR4.2.3-01-04	文件更改通知单
		5	QR4.2.3-01-05	文件销毁、保留登记表
		6	QR4.2.3-01-06	文件借阅登记表
PD 4.2.4-01	记录控制程序	7	QR4.2.4-01-01	记录更改申请表
		8	QR4.2.4-01-02	记录销毁、保留登记表
PD 5.3-01	质量方针和质量目标管理程序	9	QR5.3-01-01	岗位质量目标考核记录
PD 6.2-01	人力资源管理程序	10	QR6.2-01-01	聘用人员登记表
PD 7.3-01	教育服务的设计和开发控制程序	11	QR7.3-01-01	设计和开发评审记录
		12	QR7.3-01-02	设计和开发验证记录
		13	QR7.3-01-03	设计和开发确认记录
		14	QR7.3-01-04	设计更改记录
		15	QR7.3-01-05	设计更改申请单
		16	QR7.3-01-06	设计更改评审记录表
		17	QR7.3-01-07	设计和开发台帐
PD 7.5.1-01	教学服务控制程序	18	QR7.5.1-01-01	教学管理综合信息一览表
		19	QR7.5.1-01-02	教学考核月报表
		20	QR7.5.1-01-03	教师任课通知单
		21	QR7.5.1-01-04	调课通知单
		22	QR7.5.1-01-05	教学日志
		23	QR7.5.1-01-06	听课记录
		24	QR7.5.1-01-07	检查表
		25	QR7.5.1-01-08	考核课程考评方式变动申请书
		26	QR7.5.1-01-09	考场一览表
		27	QR7.5.1-01-10	试场记录
		28	QR7.5.1-01-11	单课成绩表
		29	QR7.5.1-01-12	学生成绩表
		30	QR7.5.1-01-13	成绩更改通知单
PD 7.5.1-02	毕业设计（论文）管理程序	31	QR7.5.1-02-01	毕业设计、毕业论文选题登记表
		32	QR7.5.1-02-02	毕业设计（论文）指导记录
		33	QR7.5.1-02-03	毕业设计（论文）初评意见
		34	QR7.5.1-02-04	毕业设计（论文）答辩评定记录

程序文件编码	程序文件名称	序号	记录编码	记录名称
PD 7.5.1-03	毕业实习管理程序	35	QR7.5.1-03-01	毕业生实习鉴定表
PD 8.2.1-01	顾客满意测量控制程序	36	QR8.2.1-01-01	顾客意见调查表
		37	QR8.2.1-01-02	顾客意见测量统计表
		38	QR8.2.1-01-03	顾客满意测量公报
PD 8.2.2-01	内部审核程序	39	QR8.2.2-01-01	首次、末次会议记录
		40	QR8.2.2-01-02	内部审核报告
PD 8.2.3-01	教育服务过程检查、评估控制程序	41	QR8.2.3-01-01	学期质量考核汇总表
PD 8.2.4-01	教育服务质量评定控制程序	42	QR8.2.4-01-01	教育服务质量周评定表
PD 8.3-01	不合格控制程序	43	QR8.3-01-01	不合格报告单
		44	QR8.3-01-02	不合格记录
		45	QR8.3-01-03	不合格服务及不合格品汇总表
PD 8.5.2-01	纠正措施程序	46	QR8.5.2-01-01	纠正措施改进实施记录
PD 8.5.3-01	预防措施程序	47	QR8.5.3-01-01	预防措施实施单

9.11 质量手册更改记录

序号	修改章节号	修改页码	修改条款号	换页	修改人/日期

××学院教务处

程序文件

版　本：

受控号：

年　月　日发布　　　　　　　　　年　月　日实施

1　范围

为了确保本教务处可获得质量管理体系有效版本的适用文件,保证文件清晰、易于识别,防止作废文件的非预期使用,特制定本程序。

本程序适用于教务处质量管理体系所要求的文件的控制。

2　职责

2.1　教务处秘书负责质量管理体系文件的归口管理。

2.2　主管教学院长负责相关文件的审批。

2.3　教务处主任负责本部门使用文件的控制。

3　控制内容

3.1　输入控制

文件控制的输入包括:

a) 形成文件的质量方针和质量目标;

b) 质量手册;

c) ISO19001:2008 版标准所要求的形成文件的程序;

d) 本教务处自行编制的文件,包括管理性文件、技术性文件、记录;

e) 外来文件,包括有关法律法规、有关标准。

编制学院教务处的 WD 4.2.3-01-01《文件受控清单》,作为文件控制的依据。

3.2　输出控制

文件控制的输出结果包括:

a) 文件发布前得到批准,以保证文件的充分性和适宜性;

b) 按规定对文件进行评审和更新,并再次批准;

c) 对文件的更改和现行修订状态进行标识;

d) 在使用处能获得有效版本的适用文件;

e) 文件保持清晰,易于识别;

f) 外来文件得到识别,并控制其分发;

g) 作废文件仅用于法律应用的备查和积累知识,保留的作废文件得到标识。

本教务处每学期按本程序要求对本部门使用的文件进行评审,填写 QR 4.2.3-01-01《文件控制评审表》,识别和处置文件控制中存在的问题。

3.3　活动控制

3.3.1　文件的编制

按 WD 4.2.3-01-02《文件及记录的号码说明》编写质量管理体系文件。

3.3.2　文件的标识

3.3.2.1　所有有效版本文件,加盖红色和蓝色"受控"印章两种,红色"受控"文本作为实施更改控制,蓝色"受控"文本不作为实施更改控制。

3.3.2.2 学院自行编制的有效文件均应标有版本号、修改码、受控编码,并有编制、审核和批准人及日期。

3.3.3 文件的发放

文件发放应编制受控号,填写 QR 4.2.3-01-02《文件发放回收登记表》,签字领取。

3.3.4 文件更改

3.3.4.1 文件需要更改时,填写 QR 4.2.3-01-03《文件更改申请表》,由相关部门审批。

3.3.4.2 经审批同意更改的文件,由办公室签发 QR 4.2.3-01-04《文件更改通知单》,通知单应标明更改的性质、内容和方式,办公室统一实施更改。

3.3.5 文件的保持

3.3.5.1 文件持有人应爱护文件,保持其清晰、易于识别,如文件模糊不清应按规定及时调换。

3.3.5.2 所持的文件编号应确保唯一性,并标注在文件显见位置,文件分类贮存,以易于识别和检索。

3.3.6 作废文件的管理

3.3.6.1 文件作废时,教务处秘书应从所有发放或使用场所及时收回失效或作废的文件,并填写 QR 4.2.3-01-02《文件发放回收登记表》。

3.3.6.2 对作废文件加盖"作废"章,需保留的作废文件再加盖"保留"章,由教务处秘书负责保留。

3.3.6.3 需销毁的作废文件,经管理者代表批准,交办公室处理填写 QR4.2.3-01-05《文件销毁、保留登记表》

3.3.7 文件复印和借阅的规定

3.3.7.1 任何个人不得自行复制受控文件,经教务处主任批准复制的文件,应重新编号盖章,执行本程序 3.3.3 的规定。

3.3.7.2 文件丢失、破损时,原文件持有者写出书面报告,经办公室批准允许补发新的文件,且需执行本程序 3.3.3 的规定。

3.3.7.3 文件借阅者填写 QR 4.2.3-01-06《文件借阅登记表》

3.3.8 存盘的受控文件应有备份,做好标识登记列入受控清单。

3.3.9 本教务处应建立 WD 4.2.3-01-03《文件台账》(包括外来文件),由教务处秘书管理,定期检查文件的有效性。

3.4 资源要求

　　a) 文件管理人员;

　　b) 必要的文件保管设施和保存环境。

4 相关文件

　　WD 4.2.3-01-01《文件受控清单》;

　　WD 4.2.3-01-02《文件及记录的号码说明》;

××学院教务处 程 序 文 件		文件编码	PD 4.2.3-01	
		版本	B	修改状态	1
名　称	文件控制程序	页　码	3/3	

WD 4.2.3-01-03《文件台账》；

QR 4.2.3-01-01《文件控制评审表》；

QR 4.2.3-01-02《文件发放回收登记表》；

QR 4.2.3-01-03《文件更改申请表》；

QR 4.2.3-01-04《文件更改通知单》；

QR 4.2.3-01-05《文件销毁、保留登记表》；

QR 4.2.3-01-06《文件借阅登记表》。

附：

文件控制流程图　　　　　　　　　　引用记录

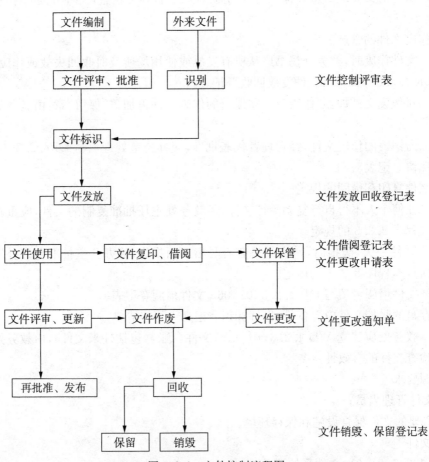

图 3.2.1　文件控制流程图

76

1　范围

为了提供所完成的活动及取得的结果的证据,特制定本程序。

本程序适用于教务处质量管理体系所要求的记录的控制。

2　职责

教务处秘书负责记录控制的归口管理,负责本部门记录的编制,负责永久保存记录的存档。

3　控制内容

3.1　输入控制

记录控制的输入包括:

a) GB/T 19001-2000 idt ISO9001:2000 版标准要求的记录;

b) 本组织自行确定的记录。

编制 WD 4.2.4-01-01《受控记录一览表》,作为记录控制的依据。

3.2　输出控制

记录控制的输出结果包括:

a) 记录真实、完整、保持清晰,易于识别和检索;

b) 按规定的时间保存。

每月按本程序要求对本教务处使用的记录进行评审,识别和处置记录控制中存在的问题。

3.3　活动控制

3.3.1　记录表格式的设计

按 WD 4.2.3-01-02《文件及记录的号码说明》要求的格式设计记录表格式,以满足:

a) 记录项目的充分性;

b) 记录填写的适宜性;

c) 记录格式的规范性。

3.3.2　受控记录的标识

受控记录均应标识编码、编号、保存期限和保存部门。

3.3.3　记录的填写和传递

a) 应保证记录填写及时、完整、准确、字迹工整清晰;

b) 暂无内容填写的项目,均用"/"表示;

c) 除需复写的记录外,不得用圆珠笔或铅笔等不易保存的方式填写;

d) 按规定路线及时传递。

3.3.4　记录的保存

3.3.4.1　根据教学服务特点、法规要求和合同要求合理确定每种记录的保存期限。

3.3.4.2　教务处秘书负责保管本部门的记录,保管方式应易于识别和检索。

3.3.4.3 提供适宜的保管环境和设施,保证记录不被损坏、丢失和变质。

3.3.4.4 需永久保存的记录,应按档案管理的规定归档保存。

3.3.5 记录的更改

3.3.5.1 记录填写后的内容更改,一律使用双线划改,并就近写明更改的内容、日期并由更改者签名。

3.3.5.2 记录数量的增、减和表格式设计更改,须提出申请,填写 QR 4.2.4-01-01《记录更改申请表》连同设计的新表格式,报办公室审批,经同意后由办公室实施统一更改并保证相关文件的一致性。

3.3.6 记录的复印和借阅

3.3.6.1 记录的复制由教务处主任批准,复制后盖上"副本"字样。

3.3.6.2 组织内部借阅记录要填写 QR 4.2.3-01-06《文件借阅登记表》,限期归还,不得损坏、丢失和自行复制。

3.3.6.3 其他外部人员借阅记录,需经教务处主任批准,并履行本程序 3.3.6.2 规定的手续。

3.3.7 记录的过期处置

超过保存期限的记录,由两人监督销毁并填写 QR 4.2.4-01-02《记录销毁、保留登记表》。

3.4 资源要求

　　a) 记录管理人员;

　　b) 必要的保存设施和环境。

4 相关文件

　　WD 4.2.4-01-01《受控记录一览表》;

　　WD 4.2.3-01-02《文件及记录的号码说明》;

　　QR 4.2.4-01-01《记录更改申请表》;

　　QR 4.2.4-01-02《记录销毁、保留登记表》;

　　QR 4.2.3-01-06《文件借阅登记表》。

××学院教务处		文件编码		PD 4.2.4-01	
程 序 文 件		版本	B	修改状态	1
名　称	记录控制程序	页　码		3/3	

附：

记录控制流程图　　　　　　　　　　　　　　　　引用记录

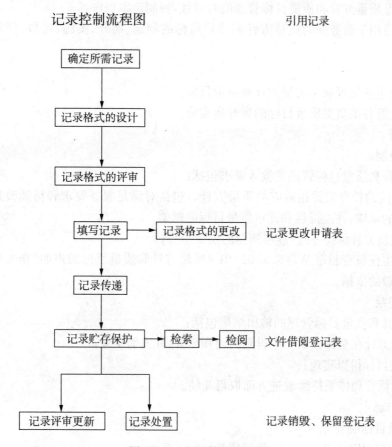

图 3.2.2　记录控制流程图

79

××学院教务处 程 序 文 件		文件编码	PD 5.3-01	
		版本	B	修改状态	1
名　称	质量方针和质量目标管理程序	页　码		1/3

1　范围

为了确保质量方针和质量目标管理的有效性,特制定本程序。

本程序适用于教务处的质量方针和质量目标的制定、展开、实施、考核、评审和更改的管理。

2　职责

2.1　教务处主任负责制定质量方针和质量目标。

2.2　教务处及各系负责质量目标的展开和实施。

3　活动控制

3.1　输入控制

质量方针和质量目标管理的输入要求包括:

a) 与学院的教育宗旨相适应的质量方针。包括对满足服务要求和持续改进质量管理体系有效性的承诺,并能提供和评审质量目标的框架;

b) 与质量方针保持一致,能够测量的质量总目标。

教务处主任负责制定 WD 5.3-01-01《质量方针和质量目标的声明》作为质量方针和质量目标管理的依据。

3.2　输出控制

质量方针和质量目标管理的输出结果包括:

a) 质量方针在全体教职工中得到沟通和理解,并贯彻实施;

b) 质量目标得以实现;

c) 在质量管理体系持续改进方面取得业绩。

3.3　活动控制

3.3.1　质量目标展开

3.3.1.1　编制 WD 5.3-01-02《部门质量目标展开表》。

3.3.1.2　教务处主任和各系主任组织本部门教职工,识别各岗位职责与本部门质量目标的关系,进行岗位质量目标展开,编制 WD 5.3-01-03《岗位质量目标展开表》。

3.3.2　质量目标实施

3.3.2.1　本教务处和各系组织质量方针和质量目标培训,确保部门教职工认识到所从事的活动与学院质量方针和质量目标的相关性和重要性,努力为实现质量目标做出贡献。

3.3.2.2　教务处和各系组织教职工识别实现部门质量目标和各岗位质量目标的现状,找出问题点,制定改进措施,组织质量改进。

3.3.2.3　每个教职工都应按质量管理体系文件要求,实施程序化、规范化作业,提升实现质量目标的能力。

3.3.3　质量目标考核

3.3.3.1　每学期对部门岗位质量目标进行考核,填写 QR 5.3-01-01《岗位质量目标考核记录》,确定需要改进的岗位和目标值。

3.3.3.2 质量目标考核与经济责任制结合起来,实行奖优罚劣,执行 WD 5.3-01-04《质量自标考核奖惩制度》。

3.3.4 质量方针和质量目标的更改

3.3.4.1 管理者代表根据部门质量目标值设定问题点的识别,确定和实施内部岗位质量目标的更改。

3.3.4.2 教务处主任和各系主任根据岗位质量目标值设定问题点的识别,确定和实施部门内部岗位质量目标的更改。

3.3.4.3 质量方针和质量目标的更改,执行 PD 4.2.3-01《文件控制程序》的有关规定。

3.4 资源要求

    a）明确的职责和权限;

    b）充分参与的氛围;

    c）必要的文件和信息。

4 相关文件

    WD 5.3-01-01《质量方针和质量目标的声明》;

    WD 5.3-01-02《部门质量目标展开表》;

    WD 5.3-01-03《岗位质量目标展开表》;

    WD 5.3-01-04《质量目标考核奖惩制度》;

    QR 5.3-01-01《岗位质量目标考核记录》。

××学院教务处		文件编码		PD 5.3-01	
程 序 文 件		版本	B	修改状态	1
名　称	质量方针和质量目标管理程序	页　码		3/3	

附：

质量方针和质量目标管理流程图　　引用记录

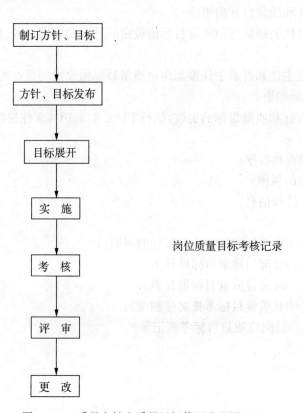

图 3.2.3　质量方针和质量目标管理流程图

1　范围

　　为了确保所有从事教育服务与质量管理体系有关的人员能满足相应岗位的能力要求，特制定本程序。

　　本程序适用于学院的人力资源管理。

2　职责

2.1　人事处负责人力资源的归口管理。

2.2　各部门负责配合、参与本学院人力资源的管理。

3　控制内容

3.1　输入控制

　　人力资源管理的输入要求包括：

　　a）适宜的机构和岗位设置；

　　b）岗位人员的能力要求；

　　c）明确岗位人员学历、技能、培训和工作经验等具体要求。

3.2　输出控制

　　人力资源管理的输出结果包括：

　　a）岗位人员的能力满足要求的证据；

　　b）提供了质量管理体系有效运行的人力资源保证；

　　c）在持续改进方面取得了业绩。

　　教务处和各系每年对本部门教职工的能力和业绩进行一次评价。

3.3　活动控制

3.3.1　采取人事措施

3.3.1.1　学院实行全体教职工分级聘任制。各部门负责人由院长聘任，教研室负责人由系主任聘任，教师由各系、教研室聘任，班主任由学生处聘任，其他部门负责人聘任本部门工作人员。

3.3.1.2　对新聘用的人员，填写 QR 6.2.-01-01《聘用人员登记表》。

3.3.2　营造质量意识

　　各部门应根据学院质量方针和质量目标，在全体教职工中营造以顾客（学生、家长、用人单位）为关注焦点，追求优质教育服务的质量意识，质量意识的培养包括：

　　a）把质量意识的要求，作为各岗位的第一要求；

　　b）把质量意识的培养，作为各级领导的首要责任；

　　c）提高对各岗位工作的相关性和重要性的认识；

　　d）如何为实现质量目标做出贡献。

3.4　资源要求

　　健全教师教学档案的管理人员及办公设备。

4 相关文件

　　QR 6.2-01-01《聘用人员登记表》。

附：

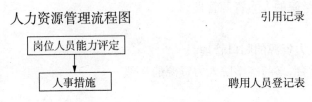

图 3.2.4　人力资源管理流程图

××学院教务处 程 序 文 件	文件编码	PD 7.3-01	
	版本 B	修改状态	1
名 称 教育服务的设计和开发控制程序	页 码	1/3	

1 范围

为了确保学院教育服务的设计结果满足设计输入要求,为顾客(学生、家长、用人单位)提供更优质的教育服务,特制定本程序。

本程序适用于新开设的课程和专业教育服务的设计和开发控制。

2 职责

2.1 教务处是本学院专业和新课程设计和开发的主管部门。

2.2 各相关部门、人员参与配合设计和开发的实施。

3 控制内容

3.1 设计和开发输入

教务处应根据市场、顾客(学生、家长、用人单位)等情况开展市场调研,进行本学院新专业和新课程设计和开发立项。教务处、办公室制定 WD 7.3-01-01《设计开发立项书》作为设计输入文件,内容包括:

    a) 新专业、新课程、新服务项目的质量要求;

    b) 顾客(学生、家长、用人单位)的要求;

    c) 相关的法律、法规和国家教育主管部门要求;

    d) 资源、需求。

根据 WD 7.3-01-01《设计开发立项书》,教务处对其充分性和适宜性进行评审,要求应当完整清晰,并不能自相矛盾,经主管教学院长审核,院长批准后实施。各相关部门、人员应识别和改进设计和开发存在的问题。

3.2 设计和开发输出

设计和开发输出应包括:

    a) 满足设计和开发输入的要求;

    b) 为满足学院教育服务的相关资源采购、为教育服务实现提供相关的信息;

    c) 教育服务验收标准;

输出可以是光盘、文字、图片卡片等形式。

教务处整理形成 WD 7.3-01-02《教育服务规范》,经部门负责人审核,报院长批准实施。

3.3 活动控制

3.3.1 设计和开发策划

3.3.1.1 教务处、办公室组织相关人员对批准立项的设计和开发项目进行策划,确定:

    a) 设计和开发的阶段;

    b) 适合于设计和开发阶段的评审、验证和确认的活动;

    c) 设计和开发过程中的部门、人员的职责和权限;

    d) 对各部门、人员组织、信息资料技术上的接口作出规定,以确保有效沟通、职责分工明确。

3.3.1.2　设计和开发活动人员应具备相应岗位的能力要求。

3.3.1.3　策划的结果形成 WD 7.3-01-03《设计和开发计划》。

3.3.1.4　WD 7.3-01-03《设计和开发计划》应随着工作进展,作必要的更新。

3.3.2　设计和开发评审

按 WD 7.3-01-03《设计和开发计划》的规定由教务处负责人或办公室组织相关人员初步设计后,对设计、开发结果进行评审,填写 QR 7.3-01-01《设计和开发评审记录》,评审内容包括:

　　a) 评价设计和开发结果满足要求的能力;

　　b) 识别任何问题并提出必要的措施。

3.3.3　设计和开发验证

3.3.3.1　按 WD 7.3-01-03《设计和开发计划》的规定进行设计和开发的验证活动。

3.3.3.2　教务处、办公室组织相关部门人员进行验证,以确保设计和开发输出满足输入要求。如验证结果不能满足输入要求,应采取必要的措施进行新教育服务设计调整。验证结果及引发的措施填写 QR 7.3-01-02《设计和开发验证记录》。

3.3.4　设计和开发的确认

3.3.4.1　教务处、办公室按 WD 7.3-01-03《设计和开发计划》的安排进行确认活动,确认可安排:

　　a) 通过教育服务试验或请相关技术专家和院长鉴定;

　　b) 征求顾客(学生、家长、用人单位)对新教育服务试验的意见。

3.3.4.2　确认结果及引发的措施填写 QR 7.3-01-03《设计和开发确认记录》。

3.3.5　设计和开发的更改控制

3.3.5.1　设计和开发过程中的更改由设计开发人员做好 QR 7.3-01-04《设计更改记录》,并传递至相关部门及责任人。

3.3.5.2　设计和开发以后实施的更改,应由申请人填写 QR 7.3-01-05《设计更改申请单》注明更改内容、更改原因、更改性质。

3.3.5.3　教务处、办公室对提出的 QR 7.3-01-05《设计更改申请单》内容进行评审,评审时包括评价更改对新教育服务项目部分的影响,必要时组织人员进行验证和确认并报院长批准后,方可实施更改。

3.3.5.4　更改评审结果及引发的措施填写 QR 7.3-01-06《设计更改评审记录表》。

3.3.6　教务处、办公室建立 QR 7.3-01-07《设计和开发台账》并负责保持设计和开发各阶段记录,包括引发的任何必要措施的记录。

3.4　资源要求

　　a) 满足设计和开发任务要求的人员;

b）服务所需设备设施和物资；

c）设计所需的信息。

4 相关文件

　WD 7.3-01-01《设计开发立项书》；

　WD 7.3-01-02《教育服务规范》；

　WD 7.3-01-03《设计和开发计划》；

　QR 7.3-01-01《设计和开发评审记录》；

　QR 7.3-01-02《设计和开发验证记录》；

　QR 7.3-01-03《设计和开发确认记录》

　QR 7.3-01-04《设计更改记录》；

　QR 7.3-01-05《设计更改申请单》；

　QR 7.3-01-06《设计更改评审记录表》；

　QR 7.3-01-07《设计和开发台账》。

附：

教育服务的设计和开发控制流程图　　　　　　引用记录

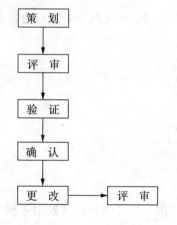

	设计和开发评审记录
	设计和开发验证记录
	设计和开发确认记录
	设计更改记录 设计更改申请单
	设计更改评审记录表 设计和开发台账

图 3.2.5　教育服务的设计和开发控制流程图

1　范围

　　为了规范学院教学服务过程,确保学院教学质量,特制定本程序。

　　本程序适用于学院各类教学过程的控制管理。

2　职责

2.1　主管教学院长负责教学管理工作的教学与协调。

2.2　教务处负责教学管理工作的组织实施。

2.3　全体教职工负责课程的具体实施。

2.4　各部门负责配合教务处的工作。

3　过程控制

3.1　输入控制

　　教学计划、教学大纲服务控制过程的输入包括:

　　a) 专业课程计划;

　　b) 专业教师名册;

　　c) 过程教学管理信息:教学大纲;

　　d) 社会及学生对教学内容的新需求;

　　e) 教材、图书资料信息。

　　教务处掌握以上信息,形成 QR 7.5.1-01-01《教学管理综合信息一览表》作为教学服务控制的依据。

3.2　输出控制

　　教学服务管理过程控制的输出包括:

　　a) 专业和年度学期课程的确定;

　　b) 教材确定与教学内容增减要求;

　　c) 相关人员的安排;

　　d) 教学活动实施并受控;

　　e) 学生成绩。

　　教务处对以上活动进行检查,形成 QR 7.5.1-01-02《教学考核月报表》作为教学服务的依据,识别与改进存在的问题。

3.3　活动控制

3.3.1　教学计划

3.3.1.1　教务处对各专业设置要求,于开学前两个月,根据 WD 7.5.1-01-01《教学计划编制指导书》编制 WD 7.5.1-01-02《××专业教学计划》报主管教学院长审核,院长批准,根据 WD 7.5.1-01-02《××专业教学计划》,于每学期开学一月之前,编制 WD 7.5.1-01-03《学期教学计划》、WD 7.5.1-01-04《学院教务教学工作运行表》,确定教学课程和教学管理工作安排,报主管教学院长审批后实施。

3.3.1.2　各系、各教研室按照 WD 7.5.1-01-03《学期教学计划》的要求，制定 WD 7.5.1-01-05《××部门工作计划》，报教务处审批实施。

3.3.2　教师、教材、课程表、教室的安排

3.3.2.1　各系、各教研室根据本部门的教师资源结合 WD 7.5.1-01-02《××专业教学计划》中课程科目的任职要求，于学期结束前两周推荐合适的教师人选，作为下一学期任课教师报教务处。教务处于学期结束前一周内，确定正式人选，并填 QR 7.5.1-01-03《教师任课通知单》，由各系教研室发放给教师。

3.3.2.2　各系、各教研室根据课程教学目标，依据 WD 7.5.1-01-06《教学大纲编制指导书》编制 WD 7.5.1-01-07《××课程教学大纲》，报教务处批准后实施。教务处根据教学大纲确定教材样本、数量，交教材管理员采购。

3.3.2.3　任课教师按照 WD 7.5.1-01-07《××课程教学大纲》的规定和 WD 7.5.1-01-08《授课计划编制指导书》，于学期开学前一周填报 WD 7.5.1-01-09《××课程授课计划》，报教研室批准实施。

3.3.2.4　为了确保课程表的规范及时编制，教务处负责制定 WD 7.5.1-01-10《课程表编制指导书》。

3.3.2.5　教务处根据课程总数、班级、学生人数、教室数量与座位情况，合理配置上课教室，并结合任课教师的课时，编制 WD 7.5.1-01-11《学期课程总表》,学期课程总表应反映专业、年级、科目、教师、教室、上课、实习培训时间等内容。WD 7.5.1-01-11《学期课程总表》经主管教学院长批准实施。中途若有变更,应向教务处递交变更申请,经教务处批准后予以调整,并填写 QR 7.5.1-01-04《调课通知单》,分发到教师与班级。

3.3.2.6　各系、教研室根据 WD 7.5.1-01-11《学期课程总表》，复制 WD 7.5.1-01-12《××部门课程一览表》，分发给各班级任课老师。

3.3.3　教学过程

3.3.3.1　任课教师应根据教材样本，按照 WD 7.5.1-01-13《教案编写指导书》要求课前进行备课，备课进度至少提前一周课时。每学期由教务处、教研室抽查一至两次，并进行教案评比，以此促进教师拓宽、深化专业知识，优质高效备课。

3.3.3.2　教师应根据 WD 7.5.1-01-14《课堂教学规范》，积极组织课堂教学、作业批改与辅导，确保教学秩序，平时上课作好考评，每次课应填写 QR 7.5.1-01-05《教学日志》。

3.3.3.3　教学督导定期进行听课，做好 QR 7.5.1-01-06《听课记录》，并结合课程进度对教师授课作出评价。

3.3.3.4　教学督导不定时对各班级上课情况进行抽查，并填写 QR 7.5.1-01-07《检查表》，对发现的问题，及时与教务处、学生处沟通。

3.3.4　学生成绩评定

3.3.4.1　学院实行学分制，规定各专业学生毕业的学分基数，同时规定专业必修学分。学

生在完成必修课学分的前提下,可跨专业学生自由选修课程。必修课听课也可以跨班级、年级、专业,相同课程学生可自由选择老师听课,并参加该教师所授课班级的考试。

3.3.4.2　各系、教研室根据 WD 7.5.1-01-04《学院教务教学工作运行表》安排,通知任课教师提前准备期末考试,教师依据 WD 7.5.1-01-15《试卷编写规范》编制试卷两套,交教务处。

3.3.4.3　因课程性质和教学情况需开卷考试或作为考查课的,应由任课教师填写 QR 7.5.1-01-08《考核课程考评方式变动申请书》,说明理由,由各系、教研室批准,呈报教务处备案,任课教师于期末考试前一周自行决定随堂考试或作出考查成绩。

3.3.4.4　教务处编制 WD 7.5.1-01-16《考试管理规定》,于每学期期末考试前两周编制 QR 7.5.1-01-09《考场一览表》,分发到各系、教研室。

3.3.4.5　各考场根据人数确定监考人员,50 人以下派两名监考员;50～80 人派三名监考员;80 人以上派 4 名监考员。监考员由教务处确定。

3.3.4.6　教务处确定的监考员于开考前 20 分钟到教务处领取试卷和 QR 7.5.1-01-10《试场记录》。

3.3.4.7　监考人员按照教务处制定的 WD 7.5.1-01-17《监考守则》提前 10 分钟到达考场,清理考场,预防舞弊发生。在监考过程,严格遵守 WD 7.5.1-01-17《监考守则》,确保考场秩序。教学督导按照 WD 7.5.1-01-18《考试巡视制度》巡视各考场。

3.3.4.8　对于考场中发生的舞弊行为,监考人员应按照 WD 7.5.1-01-19《考场规则》及时妥善处理,不与考生发生冲突。对于无理取闹的学生,应及时与教务处联系,教务处和安全处工作人员应立即到达考场,将该考生带出考场处理。

3.3.4.9　监考人员清点考场人数,考生迟到 30 分钟不能入场,开考 30 分钟后方能交卷。考试结束,监考人员及时收卷,清点试卷与人数是否相符,并填写 QR 7.5.1-01-10《试场记录》,将试卷与 QR 7.5.1-01-10《试场记录》一同交教务处。

3.3.4.10　考试完毕,任课教师向教务处取回试卷、QR 7.5.1-01-11《单科成绩表》,根据 WD 7.5.1-01-20《评卷规范》及时评卷、登记,连同试卷交回教务处。

3.3.4.11　各系根据 QR 7.5.1-01-11《单科成绩表》,登记每名学生成绩,填写 QR 7.5.1-01-12《学生成绩表》,报教务处并且分发给班主任,由班主任转发给学生。对成绩有疑问的可向系、教研室提出复查申请,由系、教研室组织统一复查。复查结束给予答复。确有差错,经两名工作人员签字,填写 QR 7.5.1-01-13《成绩更改通知单》,报各系、教务处主任更改。教务处将填写 QR 7.5.1-01-12《学生成绩表》报学生处。

3.3.4.12　对成绩不合格的学生应按 PD 8.3-01《不合格控制程序》规定,下学期重修该课程。

3.3.5　学员校内外实习,由教务处参照程序要求,结合实习情况按编制的 WD 7.5.1-01-21《实践教学规范》执行。

3.4 资源要求

    a) 符合要求的教师;

    b) 配套的教材、资料;

    c) 教学设施。

4 相关文件

    PD 8.3-01《不合格控制程序》;

    WD 7.5.1-01-01《教学计划编制指导书》;

    WD 7.5.1-01-02《××专业教学计划》;

    WD 7.5.1-01-03《学期教学计划》;

    WD 7.5.1-01-04《学院教务教学工作运行表》;

    WD 7.5.1-01-05《××部门工作计划》;

    WD 7.5.1-01-06《教学大纲编制指导书》;

    WD 7.5.1-01-07《××课程教学大纲》;

    WD 7.5.1-01-08《授课计划编制指导书》;

    WD 7.5.1-01-09《××课程授课计划》;

    WD 7.5.1-01-10《课程表编制指导书》;

    WD 7.5.1-01-11《学期课程总表》;

    WD 7.5.1-01-12《××部门课程一览表》;

    WD 7.5.1-01-13《教案编写指导书》;

    WD 7.5.1-01-14《课堂教学规范》;

    WD 7.5.1-01-15《试卷编写规范》;

    WD 7.5.1-01-16《考试管理规定》;

    WD 7.5.1-01-17《监考守则》;

    WD 7.5.1-01-18《考试巡视制度》;

    WD 7.5.1-01-19《考场规则》;

    WD 7.5.1-01-20《评卷规范》;

    WD 7.5.1-01-21《实践教学规范》;

    QR 7.5.1-01-01《教学管理综合信息一览表》;

    QR 7.5.1-01-02《教学考核月报表》;

    QR 7.5.1-01-03《教师任课通知单》;

    QR 7.5.1-01-04《调课通知单》;

    QR 7.5.1-01-05《教学日志》;

    QR 7.5.1-01-06《听课记录》;

    QR 7.5.1-01-07《检查表》;

××学院教务处		文件编码		PD 7.5.1-01
程 序 文 件		版本	B	修改状态	1
名 称	教学服务控制程序	页 码		5/5

QR 7.5.1-01-08《考核课程考评方式变动申请书》;

QR 7.5.1-01-09《考场一览表》;

QR 7.5.1-01-10《试场记录》;

QR 7.5.1-01-11《单科成绩表》;

QR 7.5.1-01-12《学生成绩表》;

QR 7.5.1-01-13《成绩更改通知单》。

附:

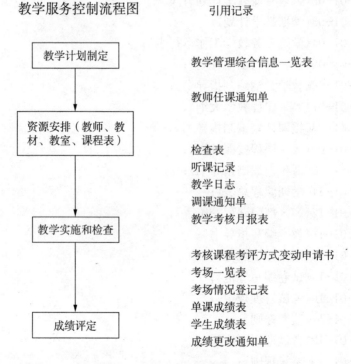

教学服务控制流程图　　　　　　　　引用记录

教学计划制定　　　　　　　　教学管理综合信息一览表

　　　　　　　　　　　　　　教师任课通知单

资源安排(教师、教
材、教室、课程表)

　　　　　　　　　　　　　　检查表
　　　　　　　　　　　　　　听课记录
　　　　　　　　　　　　　　教学日志
　　　　　　　　　　　　　　调课通知单
　　　　　　　　　　　　　　教学考核月报表

教学实施和检查

　　　　　　　　　　　　　　考核课程考评方式变动申请书
　　　　　　　　　　　　　　考场一览表
　　　　　　　　　　　　　　考场情况登记表
　　　　　　　　　　　　　　单课成绩表
　　　　　　　　　　　　　　学生成绩表
成绩评定　　　　　　　　　　成绩更改通知单

图 3.2.6　教学服务控制流程图

1 范围

为了规范毕业设计、毕业论文工作的管理,达到专业培养计划的要求,特制定本程序。

本程序适应于学院学生毕业设计、毕业论文的控制管理。

2 职责

2.1 学院毕业设计(论文)指导委员会负责审批各系毕业设计、毕业论文的计划和方案。

2.2 学院毕业设计(论文)督导组负责各系毕业设计、毕业论文的全过程的督导。

2.3 教务处负责配合学院督导组对各系毕业设计、毕业论文的全过程的督导及检查。

2.4 各系、教研室及指导教师负责毕业设计、毕业论文阶段的教学活动。

3 过程控制

3.1 输入控制

毕业设计、毕业论文的控制过程的输入包括:

　　a) 毕业设计、毕业论文的计划和方案;

　　b) 应届毕业生人数;

　　c) 指导教师名单。

3.2 输出控制

毕业设计、毕业论文的控制过程的输出包括:

　　a) 开题报告;

　　b) 撰写毕业论文;

　　c) 论文答辩。

3.3 活动控制

3.3.1 各系按 WD 7.5.1-02-01《毕业设计、毕业论文工作规程》,在第五学期结束前的一个月向学院毕业设计(论文)指导委员会提交本系的毕业设计、毕业论文的详细计划和方案,毕业设计、毕业论文的始讫时间及学生人数;按 WD 7.5.1-02-02《毕业设计(论文)对指导教师的要求》,提供指导教师名单;按 WD 7.5.1-02-03《开题报告要求》,提供开题报告。

3.3.2 教研室按 WD 7.5.1-02-04《毕业设计、毕业论文选题原则及要求》审核、汇总论文课题,填写 QR 7.5.1-02-01《毕业设计、毕业论文选题登记表》报系批准并公布课题。

3.3.3 教研室按课题对应专业将学生分配给指导教师。

3.3.4 指导教师按 WD 7.5.1-02-05《毕业设计、毕业论文指导教师的职责》和 WD 7.5.1-02-06《毕业设计(论文)要求》对学生进行定课题、列提纲、写初稿、修改、思考题及答辩等各环节的指导,填写 QR 7.5.1-02-02《毕业设计(论文)指导记录》。

3.3.5 指导教师按 WD 7.5.1-02-07《毕业设计、毕业论文的成绩评定》给予学生论文评分,填写 QR 7.5.1-02-03《毕业设计(论文)初评意见》;答辩教师给予学生答辩成绩评定,填写 QR 7.5.1-02-04《毕业设计(论文)答辩评定记录》。

3.3.6 教务处协同学院毕业设计(论文)督导组对各系的毕业设计、毕业论文工作进行中期检查和后期抽查。

3.3.7　毕业设计、毕业论文工作结束后,教务处配合学院毕业设计(论文)督导组对各系的毕业设计、毕业论文进行抽查和复评,以适当形式公布抽查和复评结果。

3.3.8　教务处按 WD 7.5.1-02-08《毕业设计、毕业论文统计资料》将学生毕业设计(论文)存档。

3.4　资源要求

　　a) 符合要求的指导教师;

　　b) 专业资料、文献;

　　c) 答辩场所设施设备。

4　相关文件

　　WD 7.5.1-02-01《毕业设计、毕业论文工作规程》;

　　WD 7.5.1-02-02《毕业设计(论文)对指导教师的要求》;

　　WD 7.5.1-02-03《开题报告要求》;

　　WD 7.5.1-02-04《毕业设计、毕业论文选题原则及要求》;

　　WD 7.5.1-02-05《毕业设计、毕业论文指导教师的职责》;

　　WD 7.5.1-02-06《毕业设计(论文)要求》;

　　WD 7.5.1-02-07《毕业设计、毕业论文的成绩评定》;

　　WD 7.5.1-02-08《毕业设计、毕业论文统计资料》;

　　QR 7.5.1-02-01《毕业设计、毕业论文选题登记表》;

　　QR 7.5.1-02-02《毕业设计(论文)指导记录》;

　　QR 7.5.1-02-03《毕业设计(论文)初评意见》;

　　QR 7.5.1-02-04《毕业设计(论文)答辩评定记录》。

附:

毕业设计(论文)管理流程图

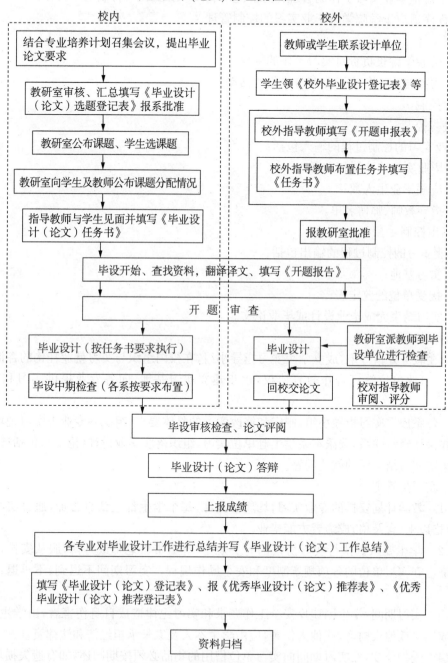

图 3.2.7 毕业设计(论文)管理流程图

1　范围

　　为了规范毕业实习工作的管理,达到专业培养计划的要求,特制定本程序。

　　本程序适应于学院学生毕业实习的控制管理。

2　职责

2.1　主管教学院长负责对实习工作的领导。

2.2　实习指导小组负责毕业实习阶段的活动。

3　过程控制

3.1　输入控制

　　毕业实习的控制过程的输入包括:

　　a) 毕业实习的计划和方案;

　　b) 应届毕业生人数;

　　c) 指导教师、师傅名单。

3.2　输出控制

　　毕业实习的控制过程的输出包括:

　　a) 实习基地;

　　b) 接受单位的鉴定表;

　　c) 实习结束完成毕业设计或毕业论文。

3.3　活动控制

3.3.1　在教务处指导下,成立学院实习指导小组,在校内组织与实习就业挂钩的咨询会,选择有关企事业单位签订合作教育协议,逐步建立实习基地,向各专业提供实习和就业的信息。

3.3.2　各系成立实习指导小组,制定和修改实习的具体要求,组织各专业去实习现场检查、慰问、并保持经常联系,选派本系学生赴单位实习,组织落实毕业设计(论文),包括选派指导教师,落实实习结束后的就业问题。

3.3.3　实习生管理

3.3.3.1　教学计划安排的专业实习,均属必修课,每个学生都应认真参加,通过实习鉴定、获得及格以上(含及格)成绩者方能毕业。

3.3.3.2　学生要认真执行实习协议的有关规定,尊重带教老师或师傅,服从安排,虚心请教,严格遵守实习单位的各项规章制度和安全操作规程。实习期间不迟到、不早退、不无故缺勤。

3.3.3.3　实习期间,学生因违反安全工作要求和实习纪律造成自身伤害者,由学生本人负责;造成国家或他人财产、或他人伤害,应由学生本人及家长承担经济和法律责任。

3.3.3.4　爱护公物,在实习期间向实习单位借用的物品必须按期归还,如有遗失损坏,必须照价赔偿。

3.3.3.5 实习结束完成毕业设计或毕业论文。

3.3.4 实习鉴定的考核

3.3.4.1 实习鉴定包括实习态度,工作能力及是否按照实习协议执行。

3.3.4.2 指导教师或师傅根据实习生表现给以实习成绩评定。填写 QR 7.5.1-03-01《毕业生实习鉴定表》。

3.3.4.3 实习成绩评定采用优(90～100 分),良(80～89 分)、中(70～79 分)、及格(60～69 分)和不及格(60 分以下)五级记分制。

3.3.4.4 实习鉴定不及格者,只发结业证书。

3.3.5 实习经费的管理应由专人负责,专款专用。

3.3.6 系实习指导小组在可能条件下与企业建立长期稳定的专业实习基地,确保各专业实习顺利进行。

3.4 资源要求

　　a) 符合要求的指导教师、师傅;

　　b) 实习基地;

　　c) 实习经费。

4 相关文件

　　QR 7.5.1-03-01 毕业生实习鉴定表。

附:

毕业实习管理流程图　　　　　引用记录

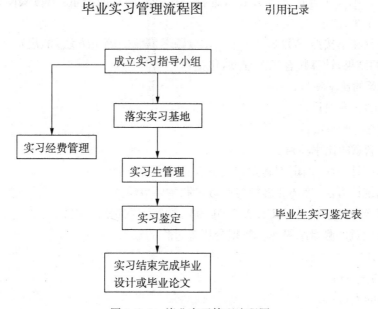

图 3.2.8 毕业实习管理流程图

1　范围

　　为获得顾客(学生、家长、用人单位)对学院教学服务满意程度的信息,并加以利用,持续改进质量管理体系业绩,特制定本程序。

　　本程序适用于学院教务处对顾客(学生、家长、用人单位)满意测量的管理。

2　职责

　　教务处秘书负责顾客满意测量的归口管理。

3　控制内容

3.1　输入控制

　　顾客满意程度输入的信息包括:

　　a) 顾客主动反映的信息,包括顾客的抱怨;

　　b) 定期测量获得的信息(听课、月考核)。

3.2　输出控制

　　顾客满意程度的监视和测量输出的结果包括:

　　a) 顾客抱怨的数量和主要事项;

　　b) 顾客满意程度的量化指标;

　　c) 顾客不满意的主要方面。

3.3　活动控制

3.3.1　教务处按照 WD 8.2.1-01-01《顾客满意的测量方法》的规定,每学期向顾客发放 QR 8.2.1-01-01《顾客意见调查表》,进行一次顾客满意的测量,填写 QR 8.2.1-01-02《顾客意见测量统计表》。

3.3.2　教务处秘书按照 WD 8.2.1-01-01《顾客满意的测量方法》的规定,综合日常测量和定期测量的结果,计算顾客满意程度,包括:

　　a) 很满意的比率项目;

　　b) 满意的比率项目;

　　c) 不满意的比率项目;

　　d) 很不满意的比率项目。

3.3.3　运用统计方法,确定不满意和很不满意的主要方面。

3.3.4　运用统计方法,确定顾客抱怨的数量和主要事项。

3.3.5　全部统计结果列入 QR 8.2.1-01-03《顾客满意测量公报》。

3.3.6　顾客满意的测量结果作为数据分析等过程的输入。

3.4　资源要求

　　a) 顾客的信息;

　　b) 测量的人员;

　　c) 适宜的统计方法;

　　d) 必要的资源保证。

4　相关文件

　　WD 8.2.1-01-01《顾客满意的测量方法》;

　　QR 8.2.1-01-01《顾客意见调查表》;

　　QR 8.2.1-01-02《顾客满意测量统计表》;

　　QR 8.2.1-01-03《顾客满意测量公报》。

附:

顾客满意测量控制流程图　　　　　　　引用记录

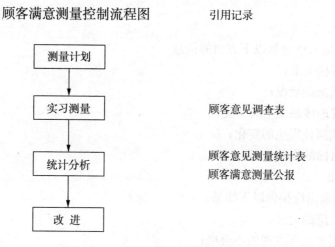

图 3.2.9　顾客满意测量控制流程图

1　范围

　　为确定学院教务处质量管理体系的符合性和有效性,特制定本程序。

　　本程序适用于学院教务处的质量管理体系的内部审核。

2　职责

2.1　管理者代表主持内部审核工作。

2.2　授权的审核组负责每次审核的具体实施。

2.3　受审核岗位按计划要求接受审核,并对已发现的不合格采取纠正措施。

3　控制内容

3.1　审核输入

　　内部审核输入应包括以下方面的信息:

　　a) 前期审核结果;

　　b) 纠正措施的状况;

　　c) 质量管理体系发生的变更;

　　d) 受审核岗位发生的变化;

　　e) 质量目标的实施状态。

3.2　审核输出

　　内部审核输出应报告以下结果:

　　a) 审核实施的记录;

　　b) 审核报告及所发现的不合格;

　　c) 对所采取措施的验证及验证结果的报告。

3.3　活动控制

3.3.1　审核方案的制订和批准

3.3.1.1　审核组组长编制 WD 8.2.2-01-01《内审实施计划》,确定审核目的、审核范围、审核准则、审核组的构成和分工以及审核日程表,经办公室审核批准实施。

3.3.1.2　在以下情况,追加内部质量管理体系审核:

　　a) 法律、法规及其他外部要求变更;

　　b) 相关方的要求;

　　c) 发生重大事故或投诉;

　　d) 质量管理体系大幅度变更。

3.3.1.3　审核人员应具备内审员资格,并且不能审核自己的工作,以保证审核的客观性和公正性。

3.3.2　审核准备

3.3.2.1　审核组组长召集审核组会议,研究分工及介绍有关事项。

3.3.2.2　审核员按分工熟悉审核文件,编制 WD 8.2.2-01-02《审核检查表》,并经审核组长审查同意。

3.3.3 审核实施

3.3.3.1 召开首次会议,审核组长介绍审核要求,作好 QR 8.2.2-01-01《首、末次会议记录》。

3.3.3.2 审核组按分工进入现场审核,收集客观证据,做好审核记录(记录在审核检查表审核记录栏内)。

3.3.3.3 审核组研究审核发现,对确定的项目开列 QR 8.3-01-01《不合格报告单》,并经受审核组长认可。

3.3.3.4 审核组讨论审核结论,进行综合评价,提出纠正措施建议。

3.3.3.5 召开末次会议,审核组长报告审核结论,提出审核发现的主要问题和改进要求。做好 QR 8.2.2-01-01《首、末次会议记录》。

3.3.4 审核报告

现场审核结束后,审核组长负责编制 QR 8.2.2-01-02《内部审核报告》(不合格报告单列为报告的附件)。

3.3.5 纠正措施的实施

3.3.5.1 教务处主任对 QR 8.3-01-01《不合格报告单》所列的不合格事实采取纠正和纠正措施,消除已发现的不合格及其产生的原因。

3.3.5.2 所采取的纠正和纠正措施应在 QR 8.3-01-01《不合格报告单》的有关栏目上做好记录,并保存实施的证据。

3.3.6 纠正措施的验证和报告

3.3.6.1 审核组负责对纠正措施的验证,并在 QR 8.3-01-01《不合格报告单》上填写验证报告。

3.3.6.2 审核组将验证关闭的 QR 8.3-01-01《不合格报告单》,连同有关的证据资料报送办公室。

3.4 资源要求

内部审核所需的主要资源包括:

a) 符合要求的审核人员;

b) 审核所需的文件。

4 相关文件

WD 8.2.2-01-01《内审实施计划》;

WD 8.2.2-01-02《审核检查表》;

QR 8.2.2-01-01《首次、末次会议记录》;

QR 8.2.2-01-02《内部审核报告》;

QR 8.3-01-01《不合格报告单》。

附：

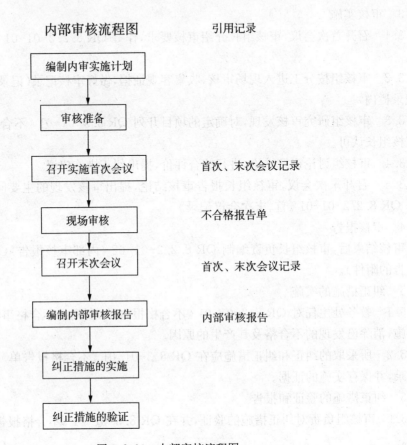

内部审核流程图　　　　　引用记录

编制内审实施计划

审核准备

召开实施首次会议　　　　首次、末次会议记录

现场审核　　　　　　　　不合格报告单

召开末次会议　　　　　　首次、末次会议记录

编制内部审核报告　　　　内部审核报告

纠正措施的实施

纠正措施的验证

图 3.2.10　内部审核流程图

1 范围

为了验证本学院教务处教育服务过程和服务结果满足规定的要求,特制定本程序。

本程序适用于本教务处对教育服务质量的检查、评估的管理。

2 职责

2.1 教学督导组是本程序的归口管理,并负责组织实施。

2.2 教务处主任负责教务处职责内的教育服务检查、评估的实施。

3 控制内容

3.1 输入控制

教育服务检查、评估的输入包括:

a) 本教务处教育服务过程的各项活动;

b) 提供服务应达到的目标。

教学督导组按照 WD 8.2.3-01-01《教学质量评估办法》,作为实施监视和测量的依据。

3.2 输出控制

教育服务检查、评估的输出包括:

质量检查、评估的结果,各服务过程受控。

教务处对教育服务质量检查、评估的结果进行整理,并形成 QR 8.2.3-01-01《学期质量考核汇总表》,以评价教育服务的过程能力,识别和改进存在的问题。

3.3 活动控制

3.3.1 检查组组成

教育质量检查组、由院长、主管教学副院长、教学督导、教务处、各系、教研室负责人和教职工代表等有关人员组成,教学督导负责沟通协调。

3.3.2 检查评估内容

3.3.2.1 开学前检查

1) 开学任课教师、班主任选定,教学设施、实习安排和学生补考等教学准备工作的落实情况。

2) 新学期落实教材、各种工作安排及各项教学任务的下达与落实情况。

3.3.2.2 学期中检查

检查对象包括所有服务场所和教学职工。检查内容:

1) 通过现场听课、学生座谈检查职工的教学态度和教学效果,并填写 QR 7.5.1-01-07《检查表》。

2) 教学进度、教案、作业批改、课外辅导及成绩考核的情况并作出记录。

3) 通过现场查看、教师和学生问卷调查,对教室、语音室、实验室、实习场所、图书馆、运动场和电教室设备实施和服务情况检查并作出记录。

3.3.2.3　学期末检查内容:

　　1) 组织和安排期末考试、毕业论文答辩、成绩评定;

　　2) 学期教学服务工作总结的情况;

　　3) 进行学期或年度考核情况;

　　4) 教学文件资料、纪录和档案的收存、建档、保管等工作的情况。

3.3.3　教学检查处理

3.3.3.1　每次检查由检查组填写检查记录,应根据检查的记录和各种调查表对所查教育服务情况作出评估意见,对不符合文件规定的开具 QR 8.3-01-01《不合格报告单》。

3.3.3.2　相关教学服务部门根据 PD 8.3-01《不合格控制程序》规定,进行原因分析,提出整改措施建议,并验证整改的效果,将整改结果报检查组。

3.4　资源需求

　　a) 合格的检查人员;

　　b) 检查所需的文件。

4　相关文件

　　PD 8.3-01《不合格控制程序》;

　　WD 8.2.3-01-01《教学质量评估办法》;

　　QR 7.5.1-01-07《检查表》

　　QR 8.2.3-01-01《学期质量考核汇总表》;

　　QR 8.3-01-01《不合格报告单》。

附:

教育服务过程检查、评估流程图　　引用记录

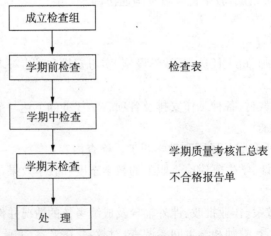

图 3.2.11　教育服务过程检查、评估流程图

××学院教务处 程 序 文 件		文件编码	PD 8.2.4-01	
		版本	B	修改状态	1
名　称	教育服务质量评定控制程序	页　码		1/1

1 范围

为了及时发现学院教育服务中存在的问题,确保教育服务水平的不断提高,特制定本程序。

本程序适用于学院服务提供过程质量评定管理。

2 职责

教务处及各系负责本部门教育服务质量的评定。

3 控制内容

3.1 输入控制

教育服务质量评定的输入包括以下方面的内容:

a) 教育服务过程的各项活动;

b) 提供教育服务的结果。

3.2 输出控制

教育服务质量评定的输出包括以下方面的内容:

a) 不合格服务;

b) 符合要求的证据。

3.3 活动控制

a) 教务处及各系负责人每周对本部门各项服务进行评定,填写 QR 8.2.4-01-01《教育服务质量周评定表》;

b)对教师教学工作绩效,按 WD 8.2.4-01-01《优秀课程评选指标体系》评定,按 WD 8.2.4-01-02《优秀课程评选条例》激励。

c) 将发现的不合格服务及改进措施和结果填写在 QR 8.3-01-01《不合格报告单》上。

3.4 资源要求

a) 质量评定文件;

b) 客观、公正的评定人员。

4 相关文件

WD 8.2.4-01-01《优秀课程评选指标体系》;

WD 8.2.4-01-02《优秀课程评选条例》;

QR 8.2.4-01-01《教育服务质量周评定表》;

QR 8.3-01-01《不合格报告单》。

附:

教育服务质量评定控制流程图　　　　引用记录

教育服务质量周评定表

不合格报告单

图 3.2.12　教育服务质量评定控制流程图

1 范围

为了确保提供教育服务的质量满足规定的要求,减少不合格对顾客(学生、家长、用人单位)的影响或损失,特制定本程序。

本程序适用于本教务处对服务提供中发现的不合格服务和不合格品的控制。

2 职责

2.1 各部门负责不合格服务和不合格品的识别和报告、评审和处置。

2.2 本学院所有教职工均负有识别和报告不合格服务和不合格品的义务和责任。

3 控制内容

3.1 输入控制

不合格控制的输入包括:

a) 服务提供过程的不合格服务;

b) 顾客(学生、家长、用人单位)意见和投诉。

输入内容有相关部门和人员提供及顾客(学生、家长、用人单位)反馈,形成 QR 8.3-01-01《不合格报告单》和 QR 8.3-01-02《不合格记录》。

3.2 输出控制

不合格控制的输出包括:

a) 不合格服务(包括有形产品)得到了识别;

b) 进行了有效处置。

教务处秘书汇总编制 QR 8.3-01-03《不合格服务及不合格品汇总表》,进行数据分析,由系、教研室采取相应的纠正和预防措施。

3.3 活动控制

3.3.1 不合格的识别和报告

本学院教职工均有识别和报告不合格服务的义务和责任,除了力所能及的可立即处置的情况以外,均须报告上级主管并填写 QR 8.3-01-01《不合格报告单》。

3.3.2 各责任部门对 QR 8.3-01-02《不合格记录》和 QR 8.3-01-01《不合格报告单》与所列的不合格事实采取措施,以消除不合格。纠正后的服务和有形产品,各责任部门应重新评定和检验,以证实其已符合规定的要求。

3.3.3 不合格的评审和处置

3.3.3.1 不合格服务的评审和处置

a) 不合格服务的评审和处置,评审结果和处置意见填写在 QR 8.3-01-01《不合格报告单》上;

b) 不合格服务的处置方式有:

服务提供的不合格:学生成绩不合格提供重修教育服务。

工作中不合格的处置:

① 批评、警告；

② 培训、教育；

③ 执行奖惩制度。

3.3.3.2　根据具体情况具体按 WD 8.3-01-01《教学事故认定与处理办法》处置。

3.3.3.3　当在提供服务中或开始使用后,发现不合格时,各责任部门应采取相应措施,以减少对顾客(学生、家长、用人单位)的影响和损失。

3.3.4　教务处每学期汇总 QR 8.3-01-01《不合格报告单》和 QR 8.3-01-02《不合格记录》,并作出初步分析,填写 QR 8.3-01-03《不合格服务及不合格品汇总表》。

3.4　资源要求

　　a) 有关的记录文件；

　　b) 处置不合格的责任人员。

4　相关文件

　　WD 8.3-01-01《教学事故认定与处理办法》；

　　QR 8.3-01-01《不合格报告单》；

　　QR 8.3-01-02《不合格记录》；

　　QR 8.3-01-03《不合格服务及不合格品汇总表》。

附:

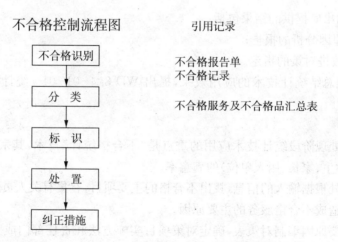

图 3.2.13　不合格控制流程图

107

1　范围

　　为确定、收集和分析适当的数据,以证实质量管理体系的适宜性和有效性,并识别对质量管理体系有效性持续改进的机会,特制定本程序。

　　本程序适用于对学院教务处质量管理体系相关数据的确定、收集和分析的管理。

2　职责

2.1　教务处秘书负责数据分析应用的归口管理。

2.2　各有关部门负责有关数据的提供。

3　控制内容

3.1　输入控制

　　输入的数据包括:

　　a) 顾客满意度监视和测量结果的数据;

　　b) 审核结果的数据;

　　c) 过程能力确认和测量结果的数据;

　　d) 教育服务质量评定结果的数据;

　　e) 其他来源的数据。

　　教务处对输入数据进行验证,绘制不合格统计表和主次因素排列图。

3.2　输出控制

　　数据分析输出应提供的结果包括:

　　a) 不合格原因分析的报告;

　　b) 不合格改进对策的指定。

　　教务处定期总结统计技术的应用效果,提出 WD 8.4-01-01《统计技术应用总结报告》。

3.3　活动控制

3.3.1　本教务处现阶段统计技术应用的重点是"不合格统计"技术,其宗旨在于减少不合格,提高顾客(学生、家长、用人单位)的满意率。

3.3.2　本教务处根据输入的信息,找出不合格的主要项目,召集有关人员进行因果分析,绘制因果图,确定造成不合格服务的主要原因。

3.3.3　针对主要原因编制对策表,确定对策项目实施方法和责任部门或人员,由院长下达实施令,推进对策的实施,并验证实施的效果。

3.4　资源要求

　　a) 准确可靠的数据;

　　b) 分析软件和硬件;

　　c) 符合要求的分析人员。

4　相关文件

WD 8.4-01-01《统计技术应用总结报告》。

附:

数据分析流程图　　　　　　　　　　引用记录

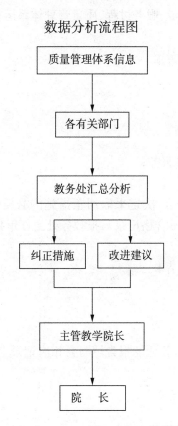

图 3.2.14　数据分析流程图

1　范围

为消除已发生不合格的原因,防止其再发生,特制定本程序。

本程序适用于学院教务处教育服务质量、服务过程、质量管理体系运行不合格的改进。

2　职责

本学院教务处负责纠正措施的制定与实施。

3　控制内容

3.1　输入控制

纠正措施程序的输入包括:

a) 顾客投诉;

b) 教育服务质量评定中发生的不合格服务;

c) 内审和外审提出的不合格项。

本教务处针对已发现的不合格进行评审,决定采取纠正措施的必要性,填写 QR 8.3-01-01《不合格报告单》、QR 8.3-01-02《不合格记录》,报教务处主任审批实施。

3.2　输出控制

纠正措施的输出包括以下采取措施的结果:

a) 确定的措施和实施的记录;

b) 完成的结果;

c) 防止再发生的证据。

内审员对已完成的纠正措施进行验证,验证的报告填写在相应记录上。

3.3　活动控制

3.3.1　确定不合格的原因,其步骤包括:

a) 调查和分析不合格的现状;

b) 采用因果分析的方法分析产生不合格的原因;

c) 通过论证或试验,确定主要原因;

d) 将主要原因填写在 QR 8.3-01-01《不合格报告单》上。

3.3.2　评价措施的需求

本教务处针对产生不合格的主要原因,评价确保不合格不再发生的措施的需求,评价的内容包括:

a) 消除主要原因的必要性;

b) 消除主要原因的可能性;

c) 提出一种或多种措施方案;

d) 评价这些措施的优劣及可行性;

e) 提出 WD 8.5.2-01-01《纠正措施评价报告》。

3.3.3 确定和实施所需的措施

3.3.3.1 制定 WD 8.5.2-01-02《纠正措施改进实施计划》。

3.3.3.2 负责实施确定的措施,并做好 QR 8.5.2-01-01《纠正措施改进实施记录》。

3.3.4 措施结果的控制

　　完成措施后,应进行必要的论证或试验,识别防止不合格再发生的证据。

3.4 资源要求

　　a) 适宜的改进人员;

　　b) 其他必要的资源保证。

4 相关文件

　　WD 8.5.2-01-01《纠正措施评价报告》;

　　WD 8.5.2-01-02《纠正措施改进实施计划》;

　　QR 8.3-01-01《不合格报告单》;

　　QR 8.3-01-02《不合格记录》

　　QR 8.5.2-01-01《纠正措施改进实施记录》。

附:

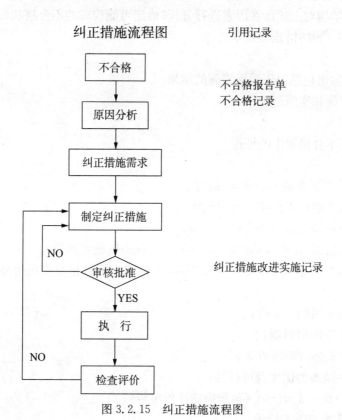

纠正措施流程图　　　　　　　引用记录

不合格报告单
不合格记录

纠正措施改进实施记录

图 3.2.15　纠正措施流程图

1　范围

为消除潜在的不合格的原因,确定相应的预防措施防止不合格的发生,特制定本程序。

本程序适用于学院教务处教育服务过程、服务质量、质量管理体系中潜在的不合格的预防措施的改进。

2　职责

教务处负责本部门预防措施的制定与实施。

3　控制内容

3.1　输入控制

预防措施输入包括以下信息中提供的不合格潜在因素:

a) 数据分析所提供的产品和过程的波动信息;

b) 顾客(学生、家长、用人单位)要求的变化信息;

c) 管理评审、方针和目标评审提出的问题信息;

d) 审核所提出的观察项信息;

e) 纠正措施所提出的潜在问题。

本教务处每学期对上述潜在因素进行分析,确定可能构成的不合格和形成的原因,填写 QR 8.5.3-01-01《预防措施实施单》。

3.2　输出控制

预防措施的输出包括以下采取措施的结果:

a) 确定的措施和实施记录;

b) 完成的结果;

c) 防止潜在不合格发生的证据。

3.3　活动控制

3.3.1　确认和分析潜在的不合格及其原因

a) 确认和调查潜在不合格的问题现状;

b) 确认和分析构成潜在不合格的原因;

c) 确定主要原因,并填写 QR 8.5.3-01-01《预防措施实施单》。

3.3.2　本教务处针对潜在不合格的主要原因,评价防止不合格发生的措施的需求,评价的内容包括:

a) 消除主要原因的必要性;

b) 消除主要原因的可能性;

c) 提出一种或多种措施方案;

d) 评价这些措施的优劣及可行性;

e) 提出 WD 8.5.3-01-01《预防措施评价报告》。

3.3.3　确定和实施所需的措施

3.3.3.1　制定 WD 8.5.3-01-02《预防措施改进实施计划》。

3.3.3.2　负责实施确定的措施,并填写 QR 8.5.3-01-01《预防措施实施单》。

3.3.4　措施结果的控制

　　完成措施后,应进行必要的论证或试验,识别防止不合格发生的证据。

3.4　资源要求

　　a) 必要的信息;

　　b) 适宜的改进人员和组织;

　　c) 其他必要的资源保证。

4　相关文件

　　WD 8.5.3-01-01《预防措施评价报告》;

　　WD 8.5.3-01-02《预防措施改进实施计划》;

　　QR 8.5.3-01-01《预防措施实施单》。

附:

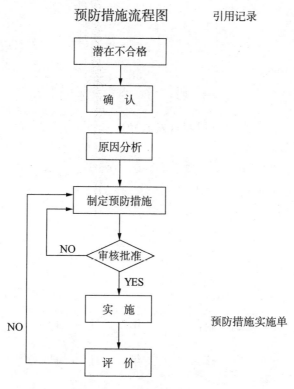

预防措施流程图　　　　引用记录

图 3.2.16　预防措施流程图

××学院教务处

作业文件

编　码:

受控号(发放号):

编　制:　　　年　　月　　日

审　核:　　　年　　月　　日

批　准:　　　年　　月　　日

文件受控清单

序号	文件编号	文件名称	发布日期	审批人	更改记录

1 程序文件

1.1 程序文件编码

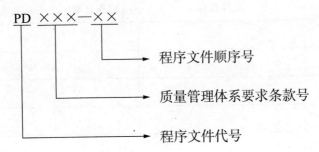

1.2 程序文件编号

  编号××(01-99 号)——发放前打号(红色或蓝色)

2 作业文件

2.1 作业文件编码

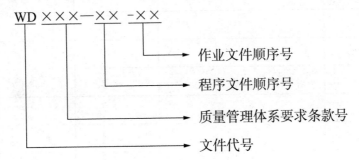

2.2 作业文件编号

  编号××(01-99 号)——发放前打号(红色或蓝色)

3 质量记录

3.1 记录编码

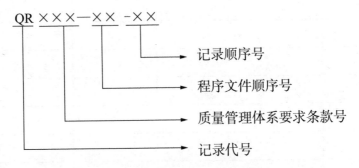

3.2 记录编号

116

××学院教务处 作 业 文 件		文件编码		WD 4.2.3-01-02	
		版本	B	修改状态	1
名　称	文件及记录的号码说明	页　码		2/2	

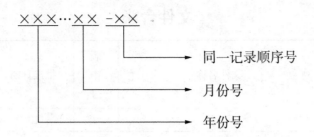

×××…×× -××

同一记录顺序号

月份号

年份号

××学院教务处 作 业 文 件		文件编码	WD 4.2.3-01-03	
		版本	B	修改状态	1
名 称	文件台账	页 码		1/1

文件台账

序号	文件编码	文件名称	版本号	批准日期	文件来源 （本院、外来）

××学院教务处 作 业 文 件		文件编码	WD 4.2.4-01-01	
		版本	B	修改状态	1
名 称	受控记录一览表	页 码	1/1	

受控记录一览表

程序文件编码	程序文件名称	序号	记录编码	记录名称

1 范围

为了进行质量管理体系有效性评价,特制定本文件。

本文件适用于学院的质量管理活动。

2 职责

2.1 教务处主任负责质量方针和质量目标的管理。

2.2 教务处及各系负责质量目标的展开和实施。

3 内容

3.1 质量方针和质量目标的声明

质量方针:必须贯彻国家的教育方针,对受教育者进行思想政治教育和职业道德教育,传授职业知识,培养职业技能,进行职业指导,全面提高受教育者的素质。

质量目标:以服务为宗旨,以就业为导向,走产学研结合的发展道路,造就生产、建设、服务和管理一线的高素质的劳动者和技术型人才。

3.2 质量目标的展开、实施、考核

3.2.1 质量目标展开

3.2.1.1 管理者代表组织有关部门负责人,按 WD5.3-01-02《部门质量目标展开表》进行部门质量目标展开。

3.2.1.2 教务处主任和各系主任组织本部门教职工,识别各岗位职责与本部门质量目标的关系,按 WD 5.3-01-03《岗位质量目标展开表》进行岗位质量目标展开。

3.2.2 质量目标实施

3.2.2.1 本教务处和各系组织质量方针和质量目标培训,确保部门教职工认识到所从事的活动与学院质量方针和质量目标的相关性和重要性,努力为实现质量目标做出贡献。

3.2.2.2 教务处和各系组织教职工识别实现部门质量目标和各岗位质量目标的现状,找出问题点,制定改进措施,组织质量改进。

3.2.2.3 每个教职工都应按质量管理体系文件要求,实施程序化、规范化作业,提升实现质量目标的能力。

3.2.3 质量目标考核

3.2.3.1 每学期对部门岗位质量目标进行考核,填写 QR 5.3-01-01《岗位质量目标考核记录》,确定需要改进的岗位和目标值。

3.2.3.2 质量目标考核与经济责任制结合起来,实行奖优罚劣,执行 WD 5.3-01-04《质量自标考核奖惩制度》。

3.3 质量方针和质量目标的更改

3.3.1 管理者代表根据部门质量目标值设定问题点的识别,确定和实施内部岗位质量目标的更改。

3.3.2 教务处主任和各系主任根据岗位质量目标值设定问题点的识别,确定和实施部门内

120

部岗位质量目标的更改。

3.3.3　质量方针和质量目标的更改,执行 PD 4.2.3-01《文件控制程序》的有关规定。

4　相关文件

PD 4.2.3-01《文件控制程序》;

WD 5.3-01-02《部门质量目标展开表》;

WD 5.3-01-03《岗位质量目标展开表》;

WD 5.3-01-04《质量目标考核奖惩制度》;

QR 5.3-01-01《岗位质量目标考核记录》。

部门质量目标展开表

部　门		日　期	
质 量 目 标			

序　号	项　目	参照标准	备　注
1			
2			
3			
4			

岗位质量目标展开表

部　门			职　位		日　期	

质量目标	

序号	项　目	参照标准	备　注
1			
2			
3			
4			

××学院教务处 作 业 文 件		文件编码	WD 5.3-01-04	
		版本	B	修改状态	1
名　称	质量目标考核奖惩制度	页　码		1/1

1　范围

为了确保质量目标管理的有效性,特制定本制度。

本制度适用于本教务处及各系质量目标的考核的管理。

2　职责

2.1　教务处主任负责制定质量目标。

2.2　教务处及各系负责质量目标的考核。

3　内容

3.1　质量目标考核

3.1.1　每学期对部门岗位质量目标进行考核,填写 QR 5.3-01-01《岗位质量目标考核记录》,确定需要改进的岗位和目标值。

3.1.2　教职员工按不同岗位"考核标准"评级,考核评等按五个等第的 15 级填写:

五等	好			较好			一般			较差			差		
15级	A+	A	A−	B+	B	B−	C+	C	C−	D+	D	D−	E+	E	E−
	100	95	90	89	83	76	75	68	60	59	45	30	29	15	0

3.2　质量目标考核与经济责任制结合起来,作为年终考核评定、绩效奖、工资调整、职务聘任等有效的依据,实行奖优罚劣。

4　相关文件

QR 5.3-01-01《岗位质量目标考核记录》。

1 范围

  为了确保学院教育服务的设计结果满足设计输入要求,为顾客(学生、家长、用人单位)提供更优质的教育服务,特制定本立项书。

  本立项书适用于学院新开设的课程和专业教育服务的设计和开发。

2 职责

2.1 教务处是本学院专业和新课程设计和开发立项的主管部门。

2.2 各相关部门、人员参与配合设计和开发的立项。

3 内容

  教务处应根据市场、顾客(学生、家长、用人单位)等情况开展市场调研,进行本学院新专业和新课程设计和开发立项。内容包括:

  a) 新专业、新课程、新服务项目的质量要求;

  b) 顾客(学生、家长、用人单位)的要求;

  c) 相关的法律、法规和国家教育主管部门要求;

  d) 资源、需求。

4 相关文件

  无。

1　范围

　　为了规范学院教育服务过程,确保教学活动有序进行,达到预期的教学效果,特制定本规范。

　　本规范适用于学院教育服务活动的管理。

2　职责

2.1　教务处负责教学服务活动的管理。

2.2　教学督导组、各系、教研室负责监督检查。

2.3　授课教师、教务员负责执行。

3　内容

3.1　计划管理

3.1.1　切实加强专业设置的规划管理。根据社会发展和教育事业发展的需要以及学校性质、任务、办学条件等,根据国家的有关方针、政策,制订学校的专业发展规划。

3.1.2　专业的增设与调整应持科学的态度。认真领会上级关于专业建设的指导性意见,严格按照中央和地方教育行政主管部门的有关规定,办理审批手续。

3.1.3　增设和调整专业的申报程序:

　　a) 教学系提出申请,并写出详细的论证报告;

　　b) 教学系将上述申报材料交教务处初审;

　　c) 教务处将初审通过的申报材料报送学院教学指导委员会,由学院教学指导委员会组织评审;

　　d) 评审通过后,由教务处报上海市教育委员会审批。

3.1.4　各系、教研室应根据社会经济、科技、文化发展对人才的需求,论证专业培养目标,在指定的时间内及时完成教学计划的制(修)订工作。制(修)订教学计划应具有一定的前瞻性、适应性、可行性和稳定性。教学计划一经审定批准,不得随意改动,必须不折不扣地、认真组织实施。

3.1.5　教学计划如需重新修订,应由各系、教研室提出,教务处审定。

3.1.6　教务处在主管教学院长主持下,每学期对教学计划的执行情况作常规检查,检查已开出课程的门类、门数,每门课程的教学时数、周学时数、考核类别、实践性教学环节等是否与计划相符。

3.1.7　对于教学计划规定开出的各门课程,应在教研室主任的主持下,根据教育部有关文件,结合本校实际,制定出本门课程的教学大纲初稿,交系主任审定,上报教务处,成为正式的指导性文件。

3.1.8　课程教学大纲,须按专业汇编成册,以便进行专业教学内容的检查,避免课程间的重复与脱节。

3.1.9　任课教师应根据大纲组织教学和考核。系主任、教研室主任有责任检查任课教师执行大纲的情况,纠正其教学偏差。

3.1.10 授课计划是各门课程每学期上课的具体实施计划,必须规范填写和上报,经批准后认真执行。

3.2 教学过程管理

3.2.1 主管教学院长领导系、专业教研室主任组织安排好教师的学习和工作,保证各个教学环节的正常运转。

3.2.2 教师的教学分工安排必须于前一学期结束前由各系确定报学院批准,并通知到教师本人,同时报教务处备案。

3.2.3 任课教师必须按时上课、下课。不得随意调课、停课。确有特殊情况需调课、停课的,须填报教务处批准。各系领导应严格把关,并有责任对违反规定的教师进行批评教育。擅自调课、停课,属教学事故的,按 WD 8.3-01-01《教学事故的鉴定及处理办法》处理。

3.2.4 各系、各教研室主任应督促和指导任课教师根据教学大纲制订教学进度表,各系、各教研室应于每学期开学第一周内收齐所有教师任该学期课程的教学授课计划(文字稿和电子版各一份),上交到教务处备案。

3.2.5 各系、各教研室应整体规划教研室的活动,建立教研室活动的制度,并对教研室开展活动的情况加以检查督促。

3.3 认真抓好各种课型的教学过程管理

3.3.1 课堂讲授应符合教学大纲的要求,贯彻教书育人、理论联系实际、因材施教、传授知识与培养能力相结合等原则,努力做到科学性与思想性统一,反映科学技术新成就。各系、各教研室主任应定期了解各门课程的讲授情况,了解学生的反映,帮助教师改进教学。

3.3.2 任课教师应制定课堂讨论计划,由各系、各教研室主任对这一计划加以审查,要防止课堂讨论放任自流,尤其要注意讨论内容的方向性。

3.3.3 各系、各教研室主任应根据课程的教学大纲确定习题课与课堂讲授的时数比例,要固定习题课的上课时间表。

3.3.4 各系、各教研室应结合本各系、教研室教学的实际,制订实训室管理和实验器材管理的具体措施,为实训教学提供良好的条件和环境。每门实训课应编写出实训教学大纲和实验指导书,不断改进实训教学方法,提高实训课的教学质量。

3.3.5 每门课都要安排一定次数的辅导答疑,要做到定时间,定地点,保证活动的正常开展。各系、各教研室主任要加以督促、检查。

3.3.6 任何一门需要开展社会调查的课程都应在该门课程的教学计划中加以安排,写入教学进度表,写出调查计划,明确目的、要求、组织方法以及考核方式。调查活动应本着勤俭办学的原则,尽可能就近安排。

3.3.7 各系、各教研室应按照不同专业教学计划的要求,制订实习大纲、计划,按实习目的和要求组织实施。各系、各教研室要逐步建立相对稳定的实习基地,建设优秀实习基地,要把基地的建立与建设作为一项重要工作来抓。教务处要加强对这一工作的指导与协调。

3.3.8 通过毕业论文（设计），对学生进行比较严格的科学研究和基本技能的训练，培养学生的创新精神、科学研究和应用的能力。毕业论文（设计）工作由各系、教研室按照PD 7.5.1-02《毕业设计（论文）管理程序》的要求组织实施。

3.4 考核及成绩管理

3.4.1 考核既是对学生学习情况的检查，也是对教师教学效果的检验。通过了解学生对课程内容的掌握情况，可以为进一步改善教学、提高质量提供依据。

3.4.2 各系、各教研室应认真抓好考试命题、考试纪律、阅卷评分和试题质量分析四个环节，使考试能真实地反映学生掌握知识技能的情况。

3.4.3 教师应积极探索考试制度和考试办法的改革，提高考试的信度和效度。

3.4.4 教务处在进行教学检查时，要系统地对上述教学过程管理的诸方面加以检查。

3.5 教学质量管理

3.5.1 对于教学质量的管理，必须树立全面的质量观，坚持德、智、体全面发展的方针，实行全面的质量管理。

3.5.2 教学质量管理，着重抓好以下几个环节：

　　a) 以《教育部评估方案》的指标体系来规范课程的质量标准。

　　b) 必须按照教师任职资格审查规定认定教师的任课资格。

　　c) 各专业的主干课程原则上应中级职称以上教师任教，要逐步形成教学梯队，保证主干课程的教学质量，从而保证专业教学的基本质量。

　　d) 编写、选用、征订合理的教材。

　　e) 教师要按照 WD 7.5.1-01-14《课堂教学规范》的要求，树立良好的职业道德，要有教书育人的责任感，做到为人师表。要培养学生良好的学风，加强思想政治教育。要帮助学生明确学习目的，端正学习态度，树立勤奋学习、刻苦钻研、求实创新的良好学风。

　　f) 各系、各教研室要严格执行 WD 7.5.1-01-16《考试管理规定》，做好命题、成绩评定等工作。

　　g) 树立正确的教育思想、教育观念，积极进行教学内容和教学方法的改革。

　　h) 举行校园文化活动一般不得占用教学时间，特殊情况需占用教学时间的，必须经教务处审批。

3.5.3 加强教学检查工作，院、系、教研室领导要经常深入教学第一线，了解教学情况，及时总结经验，帮助解决教学工作中的问题，加强和改进教学工作，保证教学质量不断提高。

3.5.3.1 每学期开学前，各系、各教研室应认真检查各门课程的准备工作，包括教师、教材、课表、教室、教师的教案、教学进度表等情况，及时发现和解决问题。

3.5.3.2 学院每学期定时组织中期教学检查。各系、各教研室应先自查，并将自查结果书面报教务处。教务处用问卷调查、座谈会、听课等形式，了解教师教学情况和学生学习情况。

教务处应将检查结果书面向主管教学院长汇报,并反馈到各系、教研室。

3.5.3.3　每学期结束时,任课教师应总结教学工作,主要内容为教学任务完成情况、教学质量的评估和学生学习情况的分析、教学中值得重视的问题及经验、体会、建议等;教务处组织学生对教师课堂教学情况进行问卷调查,并统计出成绩反馈给所属各系,作为教师年度考核的参考材料。

3.6　教务处学籍管理

3.6.1　教务处学籍管理是教学管理工作的一个极其重要的组成部分。

3.6.2　教务处学籍管理工作的主要内容有:

　　　a) 学业成绩管理;

　　　b) 学生考勤管理;

　　　c) 学籍异动管理。

3.6.3　教务员要定期检查学籍变动情况,及时提出学籍异动处理意见,仔细审核、严格把关;学籍材料要及时归档,对于学生档案的处理必须细致,务求准确完整。

3.6.4　各系学生的异动处理结果必须及时报教务处备案。

4　相关文件

　　PD 7.5.1-02《毕业设计(论文)管理程序》;

　　WD 7.5.1-01-14《课堂教学规范》;

　　WD 7.5.1-01-16《考试管理规定》;

　　WD 8.3-01-01《教学事故的鉴定及处理办法》。

××学院教务处 作 业 文 件		文件编码	WD 7.3-01-03	
		版本	B	修改状态	1
名　　称	设计和开发计划	页　　码	1/1	

1　范围

　　为了确保学院教育服务的设计结果满足设计输入要求,为顾客(学生、家长、用人单位)提供更优质的教育服务,特制定本计划。

　　本计划适用于新开设的课程和专业教育服务的设计和开发。

2　职责

2.1　教务处是本学院专业和新课程设计和开发的主管部门。

2.2　各相关部门、人员参与配合设计和开发计划的制订。

3　内容

3.1　教务处、办公室组织相关人员确定:

　　　a) 设计和开发的阶段;

　　　b) 适合于设计和开发阶段的评审、验证和确认的活动;

　　　c) 设计和开发过程中的部门、人员的职责和权限;

　　　d) 对各部门、人员组织、信息资料技术上的接口作出规定,以确保有效沟通、职责分工明确。

3.2　设计和开发活动人员应具备相应岗位的能力要求。

3.3　教务处应根据市场、顾客(学生、家长、用人单位)等情况开展市场调研,进行本学院新专业和新课程设计和开发立项。教务处、办公室制定 WD 7.3-01-01《设计开发立项书》作为设计输入文件,内容包括:

　　　a) 新专业、新课程、新服务项目的质量要求;

　　　b) 顾客(学生、家长、用人单位)的要求;

　　　c) 相关的法律、法规和国家教育主管部门要求;

　　　d) 资源、需求。

3.4　专业或课程设计输出应满足输入要求,确定教材采购、专业介绍、课程大纲等信息。

3.4.1　教务处组织人员制订教学计划,教学大纲;召开教学计划任务平衡会议、协调会议、确定每一学期的教学任务

3.4.2　教务处负责全院教材的订购和发放工作。

3.4.3　教务处负责组织各系排课和全校教室的调度工作,并检查执行情况。

3.4.4　教务处负责新生开学准备工作。

3.4.5　教务处负责全院的考试工作及校抽考工作;制订考试制度。

4　相关文件

　　WD 7.3-01-01《设计开发立项书》。

1　范围

为了规范学院教学计划的编制,特制定本指导书。

本指导书适用于学院教学计划格式、内容、审批等编制的管理。

2　职责

2.1　教务处负责教学计划的管理。

2.2　教学计划编写人负责实施。

3　内容

3.1　教学计划格式

3.1.1　封面

封面应注明学院名称,教学计划名称、版本号、编制人、审核人、批准人以及编制、审核、批准的日期等。

3.1.2　页眉、页脚

教学计划属于作业类文件,从目录开始,每一页页眉都应有统一的表头,格式如下:

××学院教务处 作 业 文 件		文件编码	WD 7.5.1-01-02	
		版本	B	修改状态	1
名　称	××专业教学计划	页　码	/	

表头页码为章节流水号,页脚中间表明总页码。

3.1.3　目录

列出教学计划各章节内容的序号、标题和页码等。

3.1.4　目的和范围

详细说明编制本教学计划的目的及其适用范围。

3.1.5　专业方向与职业岗位分析

根据近年市场需求情况以及对将来就业形势的科学分析,说明本专业所培养人才的专业方向、学生毕业后能适应的主要职业岗位和主要工作范围。

3.1.6　培养目标与要求

根据专业方向,规定本专业所培养人才在德、智、体、能各方面的具体要求。

3.1.7　学制及学分

规定本专业的学习年限和学分最低限额,对学分计算要予以分类:包括必修课、选修课、军事训练、实验、实习、毕业论文,其中必修课必须规定基数学分。

3.1.8　课程设置和教学的基本要求

课程分为公共基础课、专业基础课、专业课、实习课、实验课等形式,要求列出专业所开设的全部课程及其学时数和学分数,并简要说明各门课程的主要内容和基本要求。

3.1.9　时间分配表和教学进度表

　　根据专业教学规律列出各门课程在哪个学期开设、开设的周学时、总学时和各个教学环节的学时分配及比例关系,对技能型专业的生产实习教学课时不得少于全部课时的50%,以突出操作技能训练。

3.2　教学计划编制、审核、批准、发放

3.2.1　教学计划的编制由主管教学院长根据新专业设置和专业调整情况向教务处下达WD 7.5.1-01-02《××专业教学计划》编制任务,对编制的目的、适用专业、编制要点与时间做出要求。

3.2.2　教务处接到编制任务后,应按照 PD 4.2.3-01《文件控制程序》及时组织人员按要求编制 WD 7.5.1-01-02《××专业教学计划》,并负责草案的初审。

3.2.3　各系的 WD 7.5.1-01-02《××专业教学计划》应在每学年开始前两个月编制完成,并经主管教学院长审核后报院长批准。

3.2.4　经批准的 WD 7.5.1-01-02《××专业教学计划》,教务处应及时向各系、各教研室传达。

3.2.5　各系、各教研室接到 WD 7.5.1-01-02《××专业教学计划》后,立即组织有关人员编制 WD 7.5.1-01-03《学期教学计划》并报教务处审批。

3.3　教学计划的评审和修订

3.3.1　教学计划每学年结束后三周内应评审一次,由主管教学院长、教务处、各系、各教研室及资深教职工和学生代表组成。根据评审会议结果做出评审报告,提出修订或保持意见。

3.3.2　由于国家教育法律法规和政策变更以及就业形势变化,学生、家长、用人单位对教学提出新要求,此时教学计划因不适应必须修订,教务处应按照 PD 4.2.3-01《文件控制程序》规定进行修订,至少应在下学期开始前一个月,由教务处下达到各系、各教研室。

4　相关文件

　　PD 4.2.3-01《文件控制程序》;

　　WD 7.5.1-01-02《××专业教学计划》;

　　WD 7.5.1-01-03《学期教学计划》。

1 范围

为了规范学院教学计划的编制,特制定××专业教学计划的格式和要求。

本规范适用于学院教学计划格式、内容、审批等编制的管理。

2 职责

2.1 教务处负责教学计划的管理。

2.2 教学计划编写人负责实施。

3 内容

按 WD 7.5.1-01-01《教学计划编制指导书》的规定和要求编制。

××学院

_____专业教学计划

版本号:

编制人:

审核人:

批准人:

编制:　　　年　　月　　日

审核:　　　年　　月　　日

批准:　　　年　　月　　日

目　录

注:Y 为页码代号。

第一章 编制本教学计划的目的及其适用范围

详细说明编制本教学计划的目的及其适用范围。

第二章 专业方向与职业岗位分析

根据近年市场需求情况以及对将来就业形势的科学分析,说明本专业所培养人才的专业方向、学生毕业后能适应的主要职业岗位和主要工作范围。

第三章 培养目标与要求

根据专业方向,规定本专业所培养人才在德、智、体、能各方面的具体要求。

第四章 学制及学分

规定本专业的学习年限和学分最低限额,对学分计算要予以分类:包括必修课、选修课、军事训练、实验、实习、毕业论文,其中必修课必须规定基数学分。

第五章 课程设置和教学的基本要求

课程分为公共基础课、专业基础课、专业课、实习课、实验课等形式,要求列出专业所开设的全部课程及其学时数和学分数,并简要说明各门课程的主要内容和基本要求。

第六章 学时分配表和教学进度表

根据专业教学规律列出各门课程在哪个学期开设、开设的周学时、总学时和各个教学环节的学时分配及比例关系,对技能型专业的生产实习学时不得少于全部学时的50%,以突出操作技能训练。

_____ 专业

课程类型	课程编号	课程名称	学分	总学时	学 期					
					一	二	三	四	五	六
公共必修										
专业必修										
专业选修										
实践活动										
论 文										

4　相关文件

　　WD 7.5.1-01-01《教学计划编制指导书》。

1　范围

　　为了规范学院教学计划的执行,确保学院教学质量,特制定本计划。

　　本计划适用于学院学期教学过程的实施。

2　职责

2.1　主管教学院长负责教学管理工作的教学与协调。

2.2　教务处负责教学管理工作的组织实施。

2.3　全体教职工负责课程的具体实施。

2.4　各部门负责配合教务处的工作。

3　内容

3.1　教学可分为理论教学和实践教学。理论教学包括课堂讲授、课堂讨论、习题课等教学环节;实践教学包括实验课、实习、实训、课程设计、毕业设计(论文)等教学环节。

3.2　教务处根据 WD 7.5.1-01-02《××专业教学计划》,于每学期开学一月之前编制该学期教学计划,以反映当学期的各专业教学任务和教务处工作,报主管教学院长审批后实施。

3.3　教务处根据 WD 7.5.1-01-02《××专业教学计划》在本学期的课程、毕业设计(论文),安排本学期教师、教材、课程表、教室。

4　相关文件

　　WD 7.5.1-01-02《××专业教学计划》。

学院教务教学工作运行表

_____学年度　第____学期

周次	起讫日期	工 作 内 容	负 责 人	备 注
1				
2				
3				
4				
5				
6				
7				
8				
9				
10				
11				
12				
13				
14				
15				
16				
17				
18				
19				
20				
21				

××学院教务处	文件编码		WD 7.5.1-01-05	
作 业 文 件	版本	B	修改状态	1
名　称　××部门工作计划	页　码		1/1	

1　范围

　　为了规范学院学期教学计划的执行,确保学院教学质量,特制定本计划。

　　本计划适用于部门学期教学过程的实施。

2　职责

2.1　本部门领导负责教学管理工作的教学与协调。

2.2　本部门教职工负责课程及教务工作的具体实施。

3　内容

3.1　各系、各教研室按照 WD 7.5.1-01-03《学期教学计划》的要求,制定本部门工作计划,报教务处审批实施。

3.2　部门工作计划的构成

3.2.1　贯彻执行上级颁布的教学计划、教学大纲和教学文件。负责实施教学计划、教学大纲的制订和审核工作。

3.2.2　组织本部门积极开展教育教学和科研工作,优化教学内容和教学方法,不断推进现代化教学方法的应用。开展本系的教学文件、图书资料、教学实验和学科建设。

3.2.3　配合督导小组,进行必要的听课和教学检查,了解青年教师、新聘任教师和兼职教师的教学情况,研究分析教学效果和教书育人工作,提出教学中需要解决的问题。设立系主任、教研室主任信箱或接待日,听取教与学的意见。

3.2.4　主持研究本系专业教学改革。全面负责各专业的招生、就业及实训条件等事项。

3.2.5　规范教学用书,向教务处提报选用计划和自编教材、补充讲义计划,组织自编教材、补充讲义的编写、审核工作。

3.2.6　修订专业教学计划和教学大纲。落实任课教师,审定教材及主要参考书。

3.2.7　教师积极改进教学方法,采用先进的教学手段,完成教学任务并做好学期工作总结。

3.2.8　教研室负责指导教师的日常教学工作,检查教案并签字,检查教师批改作业、辅导情况,审核教师工作量统计报表,评定教师业务水平。

3.2.9　教研室定期组织教师进行教研活动,研讨教学方法、教学内容、教学手段等事项,进一步推进专业建设。

3.2.10　完成考试的相关工作及重修的工作。

3.2.11　布置毕业实习、设计(论文)等专题。

3.2.12　教务秘书做好相关资料的发放、收集和整理工作。

4　相关文件

　　WD 7.5.1-01-03《学期教学计划》。

××学院教务处		文件编码	WD 7.5.1-01-06	
作 业 文 件		版本	B	修改状态	1
名　称	教学大纲编制指导书	页　码	1/2	

1　范围

为了规范学院教学大纲的编制,特制定本指导书。

本指导书适用于学院教学大纲格式、内容、审批、修订等管理。

2　职责

2.1　教务处负责教学计划的管理。

2.2　各系、各教研室负责教学大纲编写的实施。

3　内容

3.1　教学大纲格式

3.1.1　封面

封面应注明学院名称,教学大纲名称、版本号、编制人、审核人、批准人日期等。

3.1.2　页眉、页脚

教学大纲属于作业类文件,从目录开始,每一页页眉都应有统一的表头,格式如下:

××学院教务处		文件编码	WD 7.5.1-01-07	
作 业 文 件		版本	B	修改状态	1
名　称	××课程教学大纲	页　码	/	

表头页码为章节流水号,页脚中间表明总页码。

3.1.3　目录

列出教学大纲各章节内容的序号、标题和页码等。

3.1.4　教学大纲编制顺序

3.1.4.1　本课程的性质和任务

说明本课程的目的、学科特点、性质和任务。

3.1.4.2　教学目的和要求

详细说明本课程的教学目的和确切的要求。

3.1.4.3　教学内容

根据本课程的教学目的,详细规定教学内容的细目。

3.1.4.4　课时分配

相应的要求和课时分配。

3.1.4.5　实践性教学环节

安排一定的教学活动和课外实践、作业。

3.1.4.6　考核方法与要求

指出测验考试要求。

3.1.4.7　教材及参考书

提出运用的教材及教学参考书。

3.2　教学大纲编制、审核、批准

3.2.1　教务处应在教学计划编制批准后,向教研室下达 WD 7.5.1-01-07《××课程教学大纲》编制任务书。

3.2.2　各系、各教研室组织人员在一个月内编制完成下一学期应开学科的教学大纲,由系主任审核,报教务处批准。

3.2.3　教务处应于每学期开始前两周将审查批准后的教学大纲发放到各系、各教研室。

3.2.4　教研室应在每学期开始前一周将教学大纲和任课通知一起下达到任课老师。

3.2.5　对已经审批的教学大纲在执行过程中,如在教学内容和教学进度方面有较大变动,须由任课教师提出变动申请,报系、教研室审核,由教务处批准后执行。

3.3　教学大纲的评审和修订

3.3.1　教学大纲每学年结束后两周内应评审一次,由教务处、各系、各教研室及资深教职工和学生代表组成。根据评审会议结果做出评审报告,提出修订或保持意见。

3.3.2　由于国家教育法律法规和政策变更以及就业形势变化,学生、家长、用人单位对教学提出新要求,此时教学计划因不适应必须修订,教务处应按照 PD 4.2.3-01《文件控制程序》规定要求各系、各教研室进行修订,至少应在下学期开始前一个月,由教务处下达到各系、各教研室。

4　相关文件

　　PD 4.2.3-01《文件控制程序》;

　　WD 7.5.1-01-07《××课程教学大纲》。

1　范围

　　为了规范学院教学大纲的编制，特制定本文件。

　　本文件适用于学院教学大纲格式、内容等。

2　职责

2.1　教务处负责教学大纲的管理。

2.3　各系、各教研室负责教学大纲编写的实施。

3　内容

　　按 WD 7.5.1-01-06《教学大纲编制指导书》规定的要求编写。

××学院

＿＿＿＿＿教学大纲

版本号：

编制人：

审核人：

批准人：

编制：　　　年　　　月　　　日

审核：　　　年　　　月　　　日

批准：　　　年　　　月　　　日

目　录

注:Y 为页码代号。

第一章　本课程的性质和任务

本课程是××专业的必(选)修课。《×××××》是研究××××关系及其××活动的学科。通过本课程的教学,让学生认识和掌握××××基本理论、方法和技能,在实践中运用所学的知识,提高分析问题和解决问题的能力。

第二章　教学目的和要求

学习《××××》这门课程,要求学生掌握××××的概念、特征及其××××,包括××××与××××、××××与××××以及××××,了解××××,认识××××。

第三章　教学内容

(一) 绪论

　　1. ××××××××

　　2. ××××××××

(二) ××××××××××

　　1. ××××××××

　　2. ××××××××

　　……

第四章　课时分配

学时:_____　　(其中实践学时:____)　　学分:_____

序号	课程内容	教学时数	实践时数	实践内容
一				
二				
三				
四				
五				
六				
七				
八				
九				
十	复习答疑			

第五章　实践性教学环节

鉴于本课程具有较强的应用性和可操作性特点,在学习过程中要理论联系实际。引导学生一方面了解和掌握专业理论方面的知识,另一方面通过案例分析、讨论、参观、制作课题等方式,培养学生运用所学知识解决实际问题的能力。布置实践教学课题,运用 PPT 制作演示文稿进行演讲。

第六章　考核方法与要求

考核方法:本学科为书面考试(或考查、口试、实训),满分为 100 分。

考核要求:基础知识占××%;基础应用××%,综合应用××%。

第七章　教材及参考书

教材：　　　　《××××》　×××　主编　××××出版社

教学参考书：《××××》　×××　主编　××××出版社

　　······

4　相关文件

　　WD 7.5.1-01-06《教学大纲编制指导书》。

××学院教务处 作 业 文 件		文件编码		WD 7.5.1-01-08	
		版本	B	修改状态	1
名　称	授课计划编制指导书	页　码		1/2	

1　范围

为了规范学院授课计划的编制,特制定本规定。

本规定适用于学院授课计划格式、内容、审批、修订等管理。

2　职责

2.1　教务处负责教学计划的管理。

2.2　各系、各教研室负责教学大纲编写的实施。

2.3　任课教师负责制定授课计划。

3　内容

3.1　授课计划格式

3.1.1　封面

封面应注明学院名称,授课计划名称、专业、班级、学科、授课教师姓名(编制人)等。

3.1.2　页眉、页脚

授课计划属于作业类文件,从目录开始,每一页页眉都应有统一的表头,格式如下:

××学院教务处 作 业 文 件		文件编码		WD 7.5.1-01-09	
		版本	B	修改状态	1
名　称	××课程授课计划	页　码		/	

表头页码为章节流水号,页脚中间表明总页码。

3.1.3　编写形式

3.1.3.1　课程教学要求

详细说明本学科的教学目的和确切的要求,包括知识、素质、技能等。

3.1.3.2　课程实践性教学要求

根据本学科的特点,安排一定的教学活动和课外实践。

3.1.3.3　采用教材

写清教材名称、版本、自编教材、习题集选用、主要参考书等。

3.1.3.4　教学时数

a) 本课程总时数＝已讲授课时数＋尚须讲课时数;

b) 本学期计划时数＝本学期教学周数×周学时数＝能完成课时数＋预计节假日缺课时数;

c) 能完成课时数＝讲授时数＋实验时数＋现场教学时数＋习题课或大型作业时数＋复习考试时数＋机动时数;

d) 大纲规定时数,应依据执行大纲规定如实填写。

3.1.3.5　本学期教学范围

指课本的起始册、章和至止册、章。

3.1.3.6　提高教学质量的打算和措施

146

如何钻研教材、备课、教法改进、学生辅导、能力培养等。

3.1.3.7 教学进度

a) 周次、日期、教学内容及具体要求、教学形式与教时、作业布置;

b) 授课计划的填写基本单元为 2 学时,必须留有机动时间;

c) 授课计划按授课顺序填写,依据校历填写周次;

d) 实验课必须按大纲实验项目、名称填写,现场教学应注明教学内容及地点,机动时数安排在授课计划最后一栏。

3.1.3.8 授课计划的编制说明

a) 制定的授课时数与大纲规定有无差异,说明原因;

b) 编制说明应注明增删授课内容和原因;

c) 实验课必须保证开出,如果不能开出,应注明原因,提出补救措施。

3.2 授课计划编制、审核、批准

3.2.1 任课教师按照 WD 7.5.1-01-07《××课程教学大纲》的规定,于学期开学前一周填报 WD 7.5.1-01-09《××课程授课计划》,报教研室批准实施。

3.2.2 授课计划在执行中须变动内容、顺序时,应说明原因,经教研室主任审批,报系备案。

4 相关文件

WD 7.5.1-01-07《××课程教学大纲》;

WD 7.5.1-01-09《××课程授课计划》。

1　范围

　　为了规范学院授课计划的编制,特制定本文件。

　　本文件适用于学院授课计划格式、内容等。

2　职责

2.1　教务处负责授课计划的管理。

2.2　各系、各教研室负责授课计划的审批。

2.3　任课教师负责授课计划的制订。

3　内容

　　按 WD 7.5.1-01-07《××课程教学大纲》的规定和 WD 7.5.1-01-08《授课计划编制指导书》的要求编制。

××学院

_____学年度　　第____学期

课程授课计划

专　　　业 _____

班　　　级 _____

授课教师 _____

(一) 课程教学要求:(包括知识、素质、技能)

(二) 课程实践性教学要求

(三) 采用教材

　　名称:＿＿＿＿＿＿＿＿＿＿＿＿＿＿＿＿＿＿＿＿＿＿

　　版本:＿＿＿＿＿＿＿＿＿＿＿＿＿＿＿＿＿＿＿＿＿＿

　　自编(主要教材来源):＿＿＿＿＿＿＿＿＿＿＿＿＿＿

　　习题集选用:＿＿＿＿＿＿＿＿＿＿＿＿＿＿＿＿＿＿

　　主要参考书:＿＿＿＿＿＿＿＿＿＿＿＿＿＿＿＿＿＿

(四) 教学时数

　　总教学时数＿＿＿＿＿＿,分＿＿＿＿＿学期完成。已授时数＿＿＿＿＿,

　　本学期时数＿＿＿＿＿(每周时数＿＿＿＿＿),后继时数＿＿＿＿＿。

(五) 本学期教学范围
　　从＿＿＿＿＿册＿＿＿＿＿章(课)始,至＿＿＿＿＿册＿＿＿＿＿章(课)止。

**(六) 提高教学质量的打算和措施(钻研教材、备课、教法改进、学生辅导、能
　　　力培养等方面)**

（七）教学进度

周次	月/日	教学内容及具体要求		教学形式与教时 （讲课、实验等）	布置作业
		章　节	内容要求		

　　······

（八）授课计划的编制说明

授课教师：＿＿＿＿＿＿＿＿＿＿＿（签章）年 月 日

授课计划审批意见：

教 研 室	系(科、部)	学 校 行 政
负责人：＿＿＿＿＿＿（签章） 年 月 日	负责人：＿＿＿＿＿＿（签章） 年 月 日	负责人：＿＿＿＿＿＿（签章） 年 月 日

4 相关文件

　　WD 7.5.1-01-07《××课程教学大纲》；

　　WD 7.5.1-01-08《授课计划编制指导书》。

1 范围

　　为了维护正常的教学秩序,保证教学质量,特制定本指导书。

　　本指导书适用于学院课程表安排管理。

2 职责

2.1 教务处负责排课管理。

2.2 各系、各教研室负责本部门排课。

2.3 任课教师按课程表规定执行。

3 内容

3.1 按照 WD 7.5.1-0-03《学期教学计划》的规定,排完公共课后安排专业课,同时注意考虑留出体育课的空间。

3.2 周三下午为全院选修课时间。

3.3 同一门课程在一天内连续讲授不得超过四学时。

3.4 课程表是学校课堂教学日常运行的主要依据,WD 7.5.1-01-11《学期课程总表》一经公布,各教学单位都应当认真遵照执行,任何部门和个人在未经教务处同意的情况下,不得擅自变动。

3.5 排课兼顾的因素

　　a) 周一上午为本院院务会议时间,中层干部不排课;

　　b) 周二下午为本学院院级领导会议时间,院领导不排课;

　　c) 周三下午为教研组长业务学习时间,教研组长不排课;

　　d) 周五下午为本学院政治学习和业务学习时间,本学院教师不排课。

4 相关文件

　　WD 7.5.1-0-03《学期教学计划》;

　　WD 7.5.1-01-11《学期课程总表》。

学期课程总表

_____学年度 第_____学期

星期	上课时间	系	
		班级1(人数)	班级2(人数)
		课程名称(任课教师、教室)	课程名称(任课教师、教室)
一			
二			
三			
四			
五			

153

××部门课程一览表

部门＿＿＿＿＿　　　　　　　　　　　　　　　　　　＿＿＿＿＿学年度　第＿＿＿＿＿学期

星期	上课时间	班级 1（人数）	班级 2（人数）
		课程名称（任课教师、教室）	课程名称（任课教师、教室）
一			
二			
三			
四			
五			

1 范围

为了规范学院教案的编制,特制定本指导书。

本指导书适用于学院教案编写格式的统一管理。

2 职责

2.1 教务处负责教案编写的管理。

2.2 教案编写人负责实施。

3 内容

3.1 教案编写格式

3.1.1 封面

教案封面应用大号字体标明课程名称,中号字标明授课专业与年级,授课教师姓名(编写人),年度。

3.1.2 目录

目录应依次标明章节内容,课时安排,页码。

3.1.3 各章首页与末页

各章首页应该有本章名称、主要内容、教学目的、重点与难点、教学方式、授课课时,页脚有总页码。

各章末页应该做出小结,布置思考题或作业,学生应阅读的参考书目。

3.2 章节内容

授课各章节应详细表述授课内容,板书提纲,教法。

3.3 教案编写

3.3.1 任课教师应首先领会 WD 7.5.1-01-07《××课程教学大纲》,熟悉教材,掌握教学内容,并结合学生实际增、删教材内容。应明确每次课讲授内容和要求学生必须掌握的基本理论与技能。

3.3.2 理论课教案应以两课时为一个备课单元,其中外语以一课为一个备课单元。实习课教案以一个课题为一个备课单元。

3.3.3 任课教师必须在开学前写出两次备课教案。

3.4 任课教师应根据教案的要求,准备相关的教具。

3.5 各系、各教研室每学期应对教师教案进行抽查,同时结合听课检查、教师教学进度是否与教案相符。

4 相关文件

WD 7.5.1-01-07《××课程教学大纲》。

1 范围

为了规范学院教学授课过程,确保教学活动有序进行,达到预期的教学效果,特制定本规范。

本规范适用于学院课堂授课活动的管理。

2 职责

2.1 教务处负责课堂教学授课活动的管理。

2.2 教学督导组、各系、教研室负责监督检查。

2.3 授课教师负责执行。

3 活动内容

3.1 教师礼仪

教师上课时应衣着整洁得体,举止大方,不得穿短裤、汗背心、拖鞋上课(除体育课、游泳课以外)。

3.2 教师行为

3.2.1 作息

教师应严格守时,严格按照课程表和作息时间表上课,提前到达授课地点,不得迟到早退、不旷课、不拖堂。

3.2.2 教师上课时不得抽烟、不得与学生聊天,不得随便离开课堂。

3.2.3 授课期间,教师必须关闭通讯工具,并且要求学生关闭通讯工具,保持课堂秩序。

3.2.4 教师应使用普通话讲课,语言表达要简明、准确、易懂,切忌讲课时带口头语。

3.2.5 教师要尊重学生人格,对一般违纪学生应耐心教育,不能以简单粗暴的方式对待学生,更不得讥讽、辱骂、体罚学生。对严重违反课堂纪律以及屡教不改者可向教务处报告,教务处及时向学生处反馈。

3.3 教学过程

3.3.1 教师上课的内容要严格按照教学大纲和教案规定的内容和进度上课。上课要目的明确,用心授课,确保每位学生掌握每一节课的主要内容。

3.3.2 上课时授课应内容正确、重点突出。授课内容的组织应有系统性、层次性,上课讲解应抓住重点,以点带面。

3.3.3 授课的方法应具有启发性,注重引导学生参与,并根据学生听课效果予以调整。

3.3.4 教师不仅应教给学生知识,更重要的是教会学生学习方法,授人以渔,培养学生的自学能力,思维方式。

3.3.5 课后小结

教师每次课后要及时对本次课程内容做出小结,重复重点,必要时检查教学的效果,及时弥补教学的不足。

156

3.4　技能操作课、实习课教师要认真组织好教学,做好入门指导,巡回辅导、结束总结。

4　相关文件

　　无。

1 范围

为了规范学院的试卷管理,特制定本规范。

本规范适用于学院的试卷管理。

2 职责

2.1 教务处负责试卷管理。

2.2 教学督导组、各系、各教研室负责监督检查。

2.3 授课教师负责执行。

3 内容

3.1 命题

3.1.1 命题原则和要求

试题必须以教学大纲为依据,主要测验学生对本课程的基础知识、基本理论和基本技能掌握的程度,以及运用所学理论解决问题的能力。试题要有一定的区分度,难易程度要适当。各系、各教研室应加强对命题工作的领导,组织好本系有关考试课程的命题工作。

3.1.1.1 公共必修课考试采取统一命题;各专业课程考试由各教研室组织命题。

3.1.1.2 笔试题一般应由记忆、理解、应用三部分构成。

3.1.1.3 试题题意要清晰明确,文字准确简练,以免引起学生误解的歧义。必要的原始数据和资料,须在试题中提供。

3.1.1.4 试题中应避免怪题和偏题。试题中应有一部分以测验学生掌握该门课程的深度和融会贯通、独立思考以及灵活运用所学知识解决问题能力的内容。

3.1.1.5 在有条件的情况下,各教研室应建立试题库,并尽量采用试题库随机命题。

3.1.2 命题工作

3.1.2.1 考试可采用笔试、口试、实际操作等不同方式进行,笔试可用闭卷或开卷形式。考试成绩一律采用百分制计分,即 100 分为满分。

3.1.2.2 考试时间一般为 2 小时(特殊的课程经教务处同意后,考试时间可适当调整),试题份量以能够使多数学生全部答完并有一定的检查时间为宜。

3.1.2.3 命题时应同时确定试题参考答案和评分标准。每道题的分数须在试卷上注明。

3.2 试卷格式

3.2.1 试卷要采用学校统一规定的格式,图表公式等书写要规范、工整、清楚,试题一律电脑打印。命题人员要对试题认真核对,防止差错。

3.2.2 试卷的科目名称与教学计划的学科名称一致。

3.2.3 试卷标题处注明:考试时间(120 分钟或 90 分钟等);考试形式(开卷、闭卷或实训报告等);注明前十周、后十周、前十五周或二十周。

3.2.4 试卷格式样张

黑体　三号

××学院2012学年度第二学期期末考试试卷A卷

课程名称:《　　　　　》 考试形式:___卷 ___周 考试时间:___分钟
_____专业　班级_____姓名_____学号_____

黑体　小四号

题号							总分
得分							

正　文

（正文部分请用罗马字体　五号）

4　相关文件

无。

1　范围

　　为了加强学院考风和考试管理工作,提高教学质量,特制订本规定。

　　本规定适用于学院的考试管理。

2　职责

2.1　教务处负责考试管理。

2.2　教学督导监督检查。

2.3　各系、各教研室授课教师负责执行。

3　内容

3.1　试卷交接

3.1.1　任课老师在规定时间内交试卷及登记。

3.1.2　交 A4 纸张打印的 A、B 卷及答案的文字稿和电子版各一份,以课程名为文件夹名,下设四个 WORD 文档:A 卷、B 卷、A 卷答案、B 卷答案,每个文件请注明页码(共几页)。

3.1.3　试题命好后须销毁与试题有关的草稿纸(含电子文本)等材料,以防止泄题。命题人员和教务处人员不得向任何人透露试题的内容。

3.2　试题的印制和保管

3.2.1　各系、教研室必须在教务处规定的时间,把期末考试试题按要求打印好交教务处印制,并在印务单上注明印卷份数。

3.2.2　印制人员必须严格保密,如有泄密试题,要追究责任。在印卷期间,学生和无关人员一律不得进入印卷室。在印制过程中出现的废卷,要立即销毁,不得随意倒在垃圾桶里。

3.2.3　教务处负责装订试卷。

3.3　考试组织工作

3.3.1　监考人员必须是本学院教师、管理人员或辅导员中年终考核合格者,并要求工作认真负责,严守纪律,秉公执法。

3.3.2　考试时间由教务处统一安排。考试安排一经公布,各系、各教研室不得随意更改。

3.3.3　考场一律采用单人隔位编座,学生对号入座。阶梯教室则按隔行编排座位。

3.3.4　每个标准考场(50 人以下)配 2 名监考人员。

3.3.5　监考人员于开考前 20 分钟到指定地点领取试卷。在监考过程中,若发现有学生作弊,须将作弊的证据和考试试卷没收,请当事人离开考场,将作弊情况填写在 QR 7.5.1-01-10《试场记录》中。考试结束后,立即上报教务处。

3.3.6　补考工作由教务处安排,补考时间安排在下一学期正式上课后的第一、二周进行。

3.3.7　学生修读的所有课程必须进行考试,考试不及格可以在下个学期补考一次,补考仍不及格者,在毕业前参加一次总补考,仍有一门不及格者只能结业;毕业班最后一学期的期末考试成绩不及格者可参加总补考,仍有一门不及格者,只能结业。结业学生在一年内可申请唯一的毕后考,毕后考不及格者,没有再补考。凡总评成绩不到 40 分者,不能参加补考,只能参加毕业前总补考或重修。若实行学分制后,按学分制要求执行。

4　相关文件

　　QR 7.5.1-01-10《试场记录》。

××学院教务处	文件编码	WD 7.5.1-01-17	
作 业 文 件	版本	B	修改状态	1
名　称	监考守则	页　码	1/1

1　范围

为了加强学院考风和考试管理工作,提高教学质量,特制订本守则。

本守则适用于学院的考试管理。

2　职责

2.1　教务处负责考试管理。

2.2　教学督导监督检查。

2.3　监考人员负责执行。

3　内容

3.1　监考人员应忠于职守,严肃认真,必须具有高度的责任心,负责地做好考场的监督检查工作,保证考试工作顺利进行。

3.2　监考人员在开考前10分钟到场。安排学生按指定座位就坐,指导学生清理考场,并将有关教材、参考资料、自带稿纸等堆放在指定的地方,关闭手机等通讯设备。

3.3　考生进入考场入座后,监考人员在分发试卷前须向考生宣读考场规则(不占用考试时间)。

3.4　发放试卷时,应随同发放草稿纸,学生一律不得使用自带的草稿纸或草稿本。

3.5　考试开始后,监考人员须认真检验证件,预防代考。检查考生是否将自己的姓名、学号填写在答题纸的规定位置上。开考30分钟记录实到人数和缺席人数。

3.6　监考人员应切实负起监督考场纪律的责任。两名监考人员应分别站立在考场前后,严禁相互聊天、看报、吃零食、打瞌睡等,严禁擅离考场。

3.7　未经教务处同意,监考人员不得擅自换人监考,不得延长或缩短考试时间。

3.8　监考人员要以身作则严格执行考场规则。如发现考生有违反考场规则的行为,应向其提出警告;有作弊行为证据确凿的,取消其考试资格,并由监考人员填写QR 7.5.1-01-10《试场记录》上报教务处,由教务处汇总全校情况当日公布,随后按规定作出处理。

3.9　考试结束后,监考人员应核对人数与试卷份数,填妥试卷袋上的情况记录并签名,交给教务处。

4　相关文件

QR 7.5.1-01-10《试场记录》。

××学院教务处 作 业 文 件		文件编码	WD 7.5.1-01-18	
		版本	B	修改状态	1
名　称	考试巡视制度	页　码		1/1

1　范围

　　为了加强学院考风和考试管理工作,提高教学质量,特制订本制度。

　　本制度适用于学院的考试管理。

2　职责

2.1　学院领导负责指挥。

2.1　教务处负责考试管理。

2.2　教学督导负责实施。

3　内容

3.1　考试期间,加强对考试考场的巡视。学院、教务处、各系领导每天应有人值班,及时处理突发事件。

3.2　每学期考试期间,成立以学院领导为首的巡视小组,由教学督导及相关人员组成,负责对全院考试工作的监督指导。

3.3　巡视员检查各考场的考试纪律及监考人员执行考场规则情况。

4　相关文件

　　无。

1 范围

　　为了加强学院考风和考试管理工作,提高教学质量,特制订本规则。

　　本规则适用于学院的考试管理。

2 职责

2.1 教务处负责考试管理。

2.2 教学督导监督检查。

2.3 监考人员负责执行。

3 内容

3.1 考试前监考人员须提前彻底清理考场。学生按时进入考场,听从监考人员安排,按规定就座,不得擅自变动座位或交换试卷。考试迟到 30 分钟及 30 分钟以上者不得参加考试,该课程作擅自缺考论处。监考人员应将擅自缺考学生名单填入 QR 7.5.1-01-10《试场记录》,考试结束后报告教务处。

3.2 进入考场后,学生必须将书包和教材、参考资料、练习本、文具盒及非考试用纸等,一律放在监考人员指定的地方。手机和任何有存储信息功能、中英文互译功能的电子记事本如文曲星等不得带入考场,课桌上只准放置文具和教师指定要用的东西,否则均按违反考场纪律处理。凡参加考试或补考的学生应将本人考试证或学生证放在座位上角备查。

3.3 学生应服从监考人员的指导,保持考场内肃静,临时有事须举手示意,经请示监考人员获同意后方可行动,在同一时间内离开试场者只限一人,并在监考人员的监督下行动。

3.4 学生应在规定时间内独立答卷。开考后 30 分钟内,不可离开考场。考试中不得自言自语、互相谈话、左顾右盼、互借文具(包括计算器,必要时需通过监考人员)。不得有偷看、夹带、传递、交换或将已完成的单页考卷不加覆盖地置于课桌上等任何形式的作弊行为。

3.5 闭卷考试作弊(包括夹带、传递与考试有关的字条、询问、互通信息、偷看他人考卷或将已做好的考卷答卷末加覆盖放在课桌一侧,为他人提供信息、交换考卷或变更座位,携带与考试有关的书或笔记入座、监考人员通知清场而不上交者以及在课桌上书写与考试有关的文字等),监考人员应立即收回考卷,令其退出试场,同时记下其姓名、学号,监考人员及时在 QR 7.5.1-01-10《试场记录》上记下该生作弊情节,报送教务处。

3.6 学生考试结束,交卷后应立即离开试场。考试结束铃响前,学生不得在试场外走廊上大声喧哗。考试结束铃响,学生应立即停止答卷,并将试卷折叠整齐放置桌上,由监考人员统一收卷后,学生逐一离场。经监考人员催促仍不交卷者,监考人员可声明不再收卷,该门课程考试作旷考论处。

3.7 教务处组织好监考人员。任课教师、班主任随班监考该场其他考场。每个试场至少应有两人监考,同一试场学生多者应相应增加监考人员。

3.8 监考人员应忠于职守,严肃认真,在整个考试时间内做好监考工作,监考人员不得做其他与监考无关的工作、看书、阅读或中途离开试场等。监考人员除对试卷中字迹不清可以告诉学生外,对学生的其他任何提问一律不作答复,更不准对题意作任何暗示或启发,对严格维护试场规则者,给予表扬,对违纪行为姑息迁就,开脱说情者,给予批评和纪律处分。对擅自处理或包庇学生作弊行为者,学校给予解聘处理。事先提供学生考试内容和答案者开除职务。

4　相关文件

　　QR 7.5.1-01-10《试场记录》。

1　范围

　　为了规范评分标准和成绩管理的要求,制定本规范。

　　本规范适用于学院教师评分、登分等管理工作。

2　职责

2.1　任课教师负责所任课程的评分、登分工作。

2.2　教务处负责检查教师评分、登分的监督工作。

3　内容

3.1　评卷

3.1.1　统考课程,实行集体评卷制度。每位评卷教师只能阅评其中的一部分试题。评卷要求客观公正。

3.1.2　评卷过程中,若发现有异常情况,如雷同、笔迹前后不一等情况,应详细记录并及时报教务处。

3.2　期末总评评分办法如下:

　　a) 期中考试无故缺席者,成绩以零分计。

　　b) 期末考试无故缺考者,成绩以零分计,并不得参加补考。因病缺考者,必须凭医生证明及时办理请假手续,可以参加补考,成绩按补考成绩处理。

　　c) 教务处安排期中考试的课程,按平时成绩(包括作业、出勤、课堂表现)占 20%;期中考试占 20%,期末考试卷面成绩占 60% 作为期末总评成绩。

　　d) 教务处未安排期中考试的课程,按平时成绩(包括作业、出勤、课堂表现)占 20%,期末考试卷面成绩占 80% 作为期末总评成绩。

　　e) 教师阅卷后,将 QR 7.5.1-01-11《单科成绩表》交教务处。

3.3　各系填写 QR 7.5.1-01-12《学生成绩表》记录学生考试成绩补及格、不及格。凡参加校外的考证考试,其成绩均列入 QR 7.5.1-01-12《学生成绩表》。

3.4　保证成绩评定的公正合理,严格按评分标准正确评定学生的考试成绩。考试成绩原则上采用百分制。学生成绩一旦评定,不能涂改。需要更改时由任课教师向教务处提报,经主管教学院长批准后实施。

4　相关文件

　　QR 7.5.1-01-11《单科成绩表》;

　　QR 7.5.1-01-12《学生成绩表》。

1 范围

　　为了切实保证和提高教育教学质量,加强实践教学管理,特制定本规范。

　　本规范适用于学院实践教学管理工作。

2 职责

2.1 　教务处负责实践教学管理。

2.2 　各系、各教研室负责实践教学的审批。

2.3 　任课教师和实训指导教师负责实践教学的实施。

3 内容

3.1 　上机

3.1.1 　计算机学科教师按照担任学科的教学大纲,在进行理论课教学后,安排上机,让学生对理论知识进一步地消化和掌握。

3.1.2 　上机前要求学生预习上机题。

3.1.3 　上机时让学生独立思考、独立操作,保证学生有足够的操作时间。

3.1.4 　教师边检查学生的操作情况,边指导学生。

3.2 　实验课

3.2.1 　实验课指导教师按实验指导书规定的内容和要求进行实验教学,其中对实验原理、方法、步骤、技术要求和数据处理等的叙述应条理清楚,简明易懂。思考题应联系实验内容,抓住重点、难点,发人深思。

3.2.2 　实验前要求学生预习实验指导书。

3.2.3 　实验时让学生独立思考,独立操作,保证学生有足够的操作时间。

3.2.4 　教师巡查学生的操作和记录,防止操作错误,及时解答学生遇到的疑难问题。

3.2.5 　实验记录经指导教师检查。学生按规定的格式和内容,独立书写实验报告。教师对实验操作马虎、结果错误或实验报告不符合要求的学生须责令其重作实验或重写报告。

3.2.6 　严格遵守实验室的规章制度。教师结合实验教育学生注意安全,爱护设备,节约实验用品(材料)。

3.2.7 　教师根据学生的实验操作技能、理论运用于实际的能力和对实验的科学态度来评定实验成绩。实验成绩按百分制计算并按一定比例计入本门课程的总成绩中,实验成绩不合格者,不能参加本门课的考试。

3.3 　校内技能实训课

3.3.1 　校内技能实训课由两部分组成。一部分是贯穿在各学科的教学过程中,由任课老师按照教学大纲安排实训。另一部分是集中实训。

3.3.2 　集中实训教学计划由教研室组织任课老师、实训指导老师根据教学大纲编写。计划内容应包括:

　　a) 实训课题

    b) 实训目的、要求

    c) 实训内容与安排

    d) 实训教学准备工作

    e) 实训成绩考核

3.3.3 集中实训课开课前一周,由系、教研室组织有关人员召开实训动员筹备会。实训开始时应召开学生动员会,实训动员会由教研室主持,任课教师、实践中心指导教师和学生辅导办教师参加,并分别向学生讲解实训教学的重要性及特点、教学计划与安排,实训期间对学生学习、生活、纪律、安全等要求。

3.3.4 校内技能实训教材由教研室根据教学大纲编写或选订,报教务处审批,实训教材必须在学生实训开始前发放到学生手中。

3.3.5 校内技能实训考核办法和评分标准由实训指导教师负责制订。

3.3.6 校内技能实训教学必须按实训教学计划进行,担任讲授任务的教师必须有教案,按教学常规填写 QR 7.5.1-01-05《教学日志》,技能实训期间的 QR 7.5.1-01-05《教学日志》和考勤由实训指导教师负责。

3.3.7 实训指导教师对技能实训的各种操作要进行示范,讲解技能要领、操作方法和注意事项。学生技能实训期间,要不断进行巡视指导,注意发现普遍存在的问题,并集中或个别及时指导,予以纠正。对掌握技能操作规范、质量优良或有创新的学生要及时推广他们的经验,给予表扬。

3.3.8 实训成绩评定由理论、操作、安全、纪律等方面进行考核,成绩采用百分制。实训总成绩按优、良、中、及格、不及格五个等第评定(90～100 分为优,80～89 分为良,70～79 分为中,60～69 分为及格,60 分以下为不及格)。

3.3.9 校内技能实训成绩由实训指导教师组织(任课教师参与)考核,成绩登录一式二份。

4 相关文件

    QR 7.5.1-01-05《教学日志》。

1 范围

为了切实做好学院的毕业设计工作,特制定本规程。

本规程适用于学院的毕业设计管理工作。

2 职责

2.1 学院毕业设计(论文)指导委员会负责审批各系毕业设计、毕业论文的计划和方案;

2.2 学院毕业设计(论文)督导组负责各系毕业设计、毕业论文的全过程的督导;

2.3 教务处负责配合学院督导组对各系毕业设计、毕业论文的全过程的督导及检查;

2.4 各系、各教研室及指导教师负责毕业设计、毕业论文阶段的教学活动。

3 内容

3.1 各系在第五学期结束前的一个月向学院毕业设计(论文)指导委员会提交本系的毕业设计、毕业论文的详细计划和方案,毕业设计、毕业论文的始讫时间及学生人数;按 WD 7.5.1-02-02《毕业设计(论文)对指导老师的要求》,提供指导教师名单;按 WD 7.5.1-02-03《开题报告要求》,提供开题报告。

3.2 教研室按 WD 7.5.1-02-04《毕业设计、毕业论文选题原则及要求》审核、汇总论文课题,填写 QR 7.5.1-02-01《毕业设计、毕业论文选题登记表》报系批准并公布课题。

3.3 教研室按课题对应专业将学生分配给指导教师。

3.4 指导教师按 WD 7.5.1-02-05《毕业设计、毕业论文指导教师的职责》和 WD 7.5.1-02-06《毕业设计(论文)要求》对学生进行定课题、列提纲、写初稿、修改、思考题及答辩等各环节的指导,填写 QR 7.5.1-02-02《毕业设计(论文)指导记录》。

3.5 指导教师按 WD 7.5.1-02-07《毕业设计、毕业论文的成绩评定》给予学生论文评分,填写 QR 7.5.1-02-03《毕业设计(论文)初评意见》;答辩教师给予学生答辩成绩评定,填写 QR 7.5.1-02-04《毕业设计(论文)答辩评定记录》。

3.6 教务处协同学院毕业设计(论文)督导组对各系的毕业设计、毕业论文工作进行中期检查和后期抽查。

3.7 毕业设计、毕业论文工作结束后,教务处配合学院毕业设计(论文)督导组对各系的毕业设计、毕业论文进行抽查和复评,以适当形式公布抽查和复评结果。

3.8 教务处按 WD 7.5.1-02-08《毕业设计、毕业论文统计资料》将学生毕业设计(论文)存档。

4 相关文件

WD 7.5.1-02-02《毕业设计(论文)对指导教师的要求》;

WD 7.5.1-02-03《开题报告要求》;

WD 7.5.1-02-04《毕业设计、毕业论文选题原则及要求》;

WD 7.5.1-02-05《毕业设计、毕业论文指导教师的职责》;

WD 7.5.1-02-06《毕业设计(论文)要求》;

WD 7.5.1-02-07《毕业设计、毕业论文的成绩评定》；

WD 7.5.1-02-08《毕业设计、毕业论文统计资料》；

QR 7.5.1-02-01《毕业设计、毕业论文选题登记表》；

QR 7.5.1-02-02《毕业设计(论文)指导记录》；

QR 7.5.1-02-03《毕业设计(论文)初评意见》；

QR 7.5.1-02-04《毕业设计(论文)答辩评定记录》。

1　范围

　　为了切实做好学院的毕业设计工作,各指导教师满足能力要求,特制定本文件。

　　本文件适用于学院的毕业设计(论文)指导工作。

2　职责

2.1　各系、各教研室负责聘请毕业设计(论文)指导教师。

2.2　教务处配合学院毕业设计(论文)督导组审查指导教师资质。

3　内容

3.1　毕业设计、毕业论文的指导教师原则上应具有中级以上(含中级)专业技术职务(含外聘人员)。初级专业技术职务人员,不能单独作为毕业设计、毕业论文指导教师。

3.2　可聘请校外具有中级以上(含中级)专业技术职务的专家或企、事业业务领导担任指导教师。

3.3　毕业设计、毕业论文的指导教师指导的学生人数不宜过多,理工科类专业每名教师原则上指导 5～10 人;人文社科类专业每名教师原则上 10～15 人。

4　相关文件

　　无。

171

1 范围

为了规范学院的毕业设计工作,特制定本文件。

本文件适用于学院的毕业设计(论文)管理工作。

2 职责

2.1 各系、各教研室及指导教师负责毕业设计、毕业论文阶段的教学活动。

2.2 教务处负责配合学院督导组对各系毕业设计、毕业论文的督导及检查。

3 内容

3.1 开题报告格式

_____级毕业设计(论文)开题报告

_____系_____专业

题　　目_____

班　　级_____

学生姓名_____

学　　号_____

指导教师_____职称_____

日　　期_____年_____月_____日

172

设计(论文)题目：

一、论文内容提要

二、论文提纲

三、参考文献

四、指导教师意见

指导教师签名_____

年　月　日

五、开题报告审核小组意见和建议

开题报告审核小组签名_____

年　月　日

3.2 开题报告要求

  a) 内容充实、思路清晰,认真规范地填写每一项目。

  b) 学生在指导教师指导下填写开题报告表。

  c) 学生主动请教指导教师,在指导教师指导帮助下确定论文题目,进行资料分析,完成开题报告。

  d) 开题报告须经审核同意后方可生效。

4 相关文件

  无。

1　范围

　　为了规范学院的毕业设计工作,特制定本文件。

　　本文件适用于学院的毕业设计(论文)管理工作。

2　职责

2.1　各系、教研室及指导教师负责毕业设计、毕业论文阶段的教学活动。

2.2　教务处负责配合学院督导组对各系毕业设计、毕业论文的督导及检查。

3　内容

3.1　毕业设计、毕业论文的选题,应符合本专业的培养目标,有学院教育的特点,符合学院层次的要求,符合毕业设计、毕业论文的综合性、实践性等教育教学要求。

3.2　选题尽可能结合生产、建设、管理和服务等领域的实际,有较强的针对性。

3.3　毕业设计、毕业论文选题应专业对口。

　　a) 理工类宜写毕业论文、毕业设计;

　　b) 文科类宜写毕业论文、调查报告;

　　c) 艺术类宜做设计图、效果图、毕业创作。

3.4　毕业设计、毕业论文原则上一人一题,不得重复。由几名学生共同完成的较大的课题,必须明确每名学生独立完成的任务,有一定的工作量。未经批准,设计课题不得中途更改。

3.5　外语类专业的毕业论文可用外文或中文撰写。用外文撰写的论文须用外文答辩。

3.6　艺术类专业的设计图、效果图应尽量反映作品全貌,并制作出实物且附有设计说明书。

3.7　论文题目应简明、严谨、规范,避免生活化、情绪化。

4　相关文件

　　无。

××学院教务处 作 业 文 件		文件编码	WD 7.5.1-02-05	
		版本	B	修改状态	1
名　称	毕业设计、毕业论文指导教师的职责	页　码	1/1	

1　范围

　　为了规范本学院的毕业设计工作,特制定本文件。

　　本文件适用于本学院的毕业设计(论文)管理工作。

2　职责

2.1　各系、各教研室及指导教师负责毕业设计、毕业论文阶段的教学活动。

2.2　教务处负责配合学院督导组对各系毕业设计、毕业论文的督导及检查。

3　内容

3.1　指导教师要帮助学生选题和收集资料,为学生讲解开题报告、毕业设计、毕业论文总体工作计划和各个阶段的要求以及毕业设计、毕业论文的写作方法,为学生介绍参考书籍,进行文献检索等方面的指导。

3.2　指导教师应对学生毕业设计、毕业论文各个阶段提出设计或写作方案,给学生详细介绍设计方法、以及注意事项,并对学生毕业设计各阶段进行督促、检查。对学生每个阶段中出现的问题要细致、耐心地给以指导并提出修改意见。

3.3　指导教师应认真阅读学生提交的毕业设计、毕业论文的提纲、初稿、二稿以及终稿材料,并提出修改意见,以及学生需补充的内容和参考书籍、资料等,同时给出是否进行下一稿的评语。

3.4　指导教师应认真填写 QR 7.5.1-02-02《毕业设计(论文)指导记录》,审查学生毕业设计、毕业论文的真实性,对最终定稿按 WD 7.5.1-02-07《毕业设计、毕业论文的成绩评定》给予学生论文评分,填写 QR 7.5.1-01-03《毕业设计(论文)初评意见》;并在答辩前将毕业设计、毕业论文(初稿、二稿、终稿)和 QR 7.5.1-02-02《毕业设计(论文)指导记录》、QR 7.5.1-02-03《毕业设计(论文)初评意见》等交系主任。指导教师指导学生做好答辩的准备工作。答辩教师给予学生答辩成绩评定,填写 QR 7.5.1-02-04《毕业设计(论文)答辩评定记录》。

3.5　指导教师应当及时向系主任汇报指导情况并协助处理指导过程中发现的违规违纪行为。系主任应及时将有关情况汇报到教务处。

3.6　指导教师对每个学生必须文档记录,对不认真进行毕业论文写作的学生应及时帮助和教育,有问题要及时处理。

4　相关文件

　　WD 7.5.1-02-07《毕业设计、毕业论文的成绩评定》;

　　QR 7.5.1-02-02《毕业设计(论文)指导记录》;

　　QR 7.5.1-02-03《毕业设计(论文)初评意见》;

　　QR 7.5.1-02-04《毕业设计(论文)答辩评定记录》。

1 范围

为了规范本学院的毕业设计工作,特制定本文件。

本文件适用于本学院的毕业设计(论文)管理工作。

2 职责

2.1 各系、各教研室及指导教师负责毕业设计、毕业论文阶段的教学活动。

2.2 教务处负责配合学院督导组对各系毕业设计、毕业论文的督导及检查。

3 内容

3.1 学生虚心接受指导教师的指导和帮助,向指导教师提供有效的通讯地址、联系方式。在毕业设计(论文)撰写期间,学生必须积极、主动、及时地与指导教师保持联系。

3.2 毕业设计(论文)文档要求

3.2.1 毕业设计(论文)字数为5000~10000字。毕业论文须提交初稿、二稿、终稿;毕业设计须提交初稿、终稿。正稿须有关键词3~5字、摘要(200字左右)和参考文献(10篇以上),毕业设计(论文)的题目、关键词及摘要须翻译成英语。

3.2.2 独立按时完成毕业设计(论文)工作,如需引用他人文献语句,须加注明。严禁大段摘录抄袭他人论文,一经发现有弄虚作假的行为,按作弊论处。

3.2.3 毕业设计(论文)的文体不得采用散文体裁。

3.2.4 毕业设计(论文)一律采用国家语言文字工作委员会正式公布的简化汉字书写,不得使用不规范的简化字、复合字、异体字或乱造汉字。

3.2.5 毕业设计(论文)中标点符号应按新闻出版署公布的"标点符号用法"使用,不应出现中英文标点符号混杂使用的情况。

3.2.6 科学技术名词术语尽量采用全国自然科学名词审定委员会公布的规范词或国家标准、部标准中规定的名称,尚未统一规定或叫法有争议的名词术语,可采用惯用的名称。

3.2.7 交电子版和打印稿(按毕业论文格式要求)一式两份。

3.2.8 装订顺序为:选题审批—提纲指导表—论文指导表—教师评语—答辩记录—封面—内容摘要及关键词—目录—正文—参考文献—附录—指导委员会意见。

3.2.9 未在规定时间内完成毕业设计(论文)或无故不按时参加答辩者,其成绩按不及格处理。

3.2.10 毕业设计(论文)格式样张。

(空1行)

摘 要(小四号黑体) ×××××××××××××××××××(小四号宋体,1.5倍行距)×
×××××××××××××××××××××××××××××××××××
×××××××××××××××××××××××××(要求200字左右)

(空 2 行)

关键词 ×××;×××;×××;×××(小四号宋体)

（小四号黑体）

Abstract(小四号黑体)××××××××(小四号宋体,1.5倍行距)××××××××××××××××××××××××××××××××××××.

(空 2 行)

Keywords ×××,×××,×××,×××(小四号宋体)

↓

（小四号黑体）

(空 2 行)

目 录 (四号黑体,居中)

注:1. 目次中的内容一般列出"章"、"条"二级标题即可；

   2. X、Y 表示具体的阿拉伯数字；

   3. 页眉中的页码用阿拉伯数字(1、2、3、……)表示。

1   引言（或绪论）(可作为正文第 1 章标题,用小三号黑体,加粗,并留出上下间距为:段前 0.5 行,段后 0.5 行)

> 请留出一个汉字的空间,下同

     ×××××××(小四号宋体,1.5 倍行距)×××××××××
×××××××××××××……

1.1   ××××××(作为正文 2 级标题,用四号黑体,加粗)

    ×××××××××(小四号宋体)××××××……………

1.1.1   ××××(作为正文 3 级标题,用小四号黑体,不加粗)

    ××××××××××(小四号宋体)××××××××××
×××××………

2   ×××××××(作为正文第 2 章标题,用小三号黑体,加粗,并留出上下间距为:段前 0.5 行,段后 0.5 行)

    ××××××××(小四号宋体)×××××××××××××
×××××××××××××××××……

注:1. 正文中表格与插图的字体一律用五号宋体；

   2. 正文各页的格式请以此页为标准复制,页眉中的页码用阿拉伯数字表示；

   3. 为保证打印效果,学生在打印前,请将全文字体的颜色统一设置成黑色。

(空 2 行)

结   论(小三号黑体,居中)

    ××××××××××××(小四号宋体,1.5 倍行距)×××××××××××××××
×××××××××××××××××××××××××…………

(空 2 行)

致   谢(小三号黑体,居中)

    ×××××××××(小四号宋体,1.5 倍行距)××××××××××××××
×××××…………

(空2行)

参 考 文 献(小三号黑体,居中)

　　[1]　×××××××(小四号宋体,行距18磅)×××××

　　[2]　×××××××××××××××××××××××××××
×××××××

　　[3]　×××××××××××××××××××

　　　　……

例如:

　　[1]　张志建.严复思想研究[M].桂林:广西师范大学出版社,1989

　　[2]　李大伦.经济全球化的重要性[N].光明日报,1998-12-27(3)

　　[3]　郭英德.元明文学史观散论[J].北京师范大学学报(社会科学版),1995(3)

　　[4]　王明亮.关于中国学术期刊标准化数据库系统工程的进展.http://www.cajcd.
edu.cn/pub/wml.txt/980810-2.html,1998-08-16/1998-10-04

　　[5]　Borko H,Bernier C L.Indexing concepts and methods.[M]New York:Academ-
ic Pr,1978

　　注:

　　(1)文科类论文可用以下格式(各项字体同上):

　　　　引言(引言部分不加序号和标题)

　　　　一、一级标题

　　　　(一)二级标题

　　　　1.三级标题

　　(2)文中所用的符号、缩略词、制图规范和计量单位,必须遵照国家规定的标准或本学
科通用标准。作者自己拟订的符号、记号缩略词,均应在第一次出现时加以说明。

　　(3)文后要注明参考文献和附录,参考文献要写明序号(使用[1]、[2]、[3]......);作
者、书名(或文章题目及报刊名)、版次(初版不注版次)、出版地、出版者、出版年、页码;中译
本前要加国别。

　　(4)参考文献(即引文出处)的类型以单字母方式标识:

　　M—专著,C—论文集,N—报纸文章,J—期刊文章,D—学位论文,R—报告,S—标准,
P—专利;对于不属于上述的文献类型,采用字母"Z"标识。

　　4　相关文件

　　无。

1 范围

为了规范本学院毕业设计工作,公平合理地评价学生毕业作业,特制定本文件。

本文件适用于本学院毕业设计、毕业论文管理工作。

2 职责

2.1 各系、各教研室及指导教师负责毕业设计、毕业论文阶段的教学活动。

2.2 教务处负责配合学院督导组对各系毕业设计、毕业论文的督导及检查。

3 内容

根据指导教师或评阅人的意见,考虑课题难易程度,对毕业设计、毕业论文进行等级评定,采用五级计分制,即:优、良、中、及格和不及格。

3.1 优

3.1.1 能正确运用所学基本理论、基本知识和基本技能,很好地独立完成毕业设计(论文)所规定的各项任务,在整个毕业设计(论文)工作中认真负责,表现出具有较强的分析问题和解决问题的能力,且在观点上有独特见解。

3.1.2 毕业设计(论文)论证严密,内容正确,计算精确,条理清晰,语句通顺。

3.2 良

3.2.1 能综合运用所学基本理论、基本知识和基本技能,较好地独立完成毕业设计(论文)所规定的各项任务,在整个毕业设计(论文)工作中比较认真,表现出具有较好地运用所学知识分析问题和解决问题的能力。

3.2.2 毕业设计(论文)理论分析和计算基本正确,图文清晰、完整。

3.3 中

3.3.1 能运用所学基本理论、基本知识和基本技能,按时完成毕业设计(论文)所规定的各项任务,尚有运用所学知识分析问题和解决问题的能力。

3.3.2 毕业设计(论文)理论分析和计算基本正确,图文清晰、完整,但表达水平欠缺。

3.4 及格

3.4.1 基本上能运用所学基本理论、基本知识和基本技能,在指导教师指导下,基本完成毕业设计(论文)所规定的任务,具有初步解决实际问题的能力。

3.4.2 毕业设计(论文)理论分析和计算基本正确,图文表达质量一般,某些方面还存在不足。

3.5 不及格

3.5.1 没有掌握必要的基本理论、技术知识,未能达到毕业设计(论文)所规定的基本要求,分析和解决实际问题的能力弱。

3.5.2 毕业设计(论文)有原则性错误,图文等不齐全或不符合要求。

4 相关文件

无。

毕业设计、毕业论文统计资料

日期：

课题 总数	课 题 类 型			
	设计 （题目数）	论文 （题目数）	岗位实验报告 （题目数）	

课 题 情 况						
课题来源（题目数）			课题性质（题目数）			
本院	企业	其他	生产实际	文献综述	模拟	其他
结合工程实际 （题目数）	设计工作量（题目数）		综合训练性（题目数）			

指 导 教 师 资 料 （人数）					
本　校			校　外		
高级	中级	初级	高级	中级	初级

学 生 成 绩 统 计 （人数）									
本　校					校　外				
优	良	中	及格	不及格	优	良	中	及格	不及格

说明：此统计一式二份，本次毕业设计、毕业论文工作结束后一周内交教务处。

××学院教务处 作 业 文 件		文件编码	WD 8.2.1-01-01	
		版本 B	修改状态	1
名 称	顾客满意的测量办法	页 码		1/1

1 范围

   为了及时收集、获取顾客(学生、家长、用人单位)满意程度信息,不断改进学院教学质量管理体系,提高顾客的满意程度,特制定本文件。

   本文件适用于本学院教务处对顾客(学生、家长、用人单位)满意度测量的管理。

2 职责

2.1 教务处负责该办法的组织实施和总结。

2.2 教务处秘书负责顾客满意测量的归口管理。

2.3 各相关部门负责处理顾客的投诉,收集意见,并加以改进。

3 内容

3.1 各相关部门人员在进行服务时,应积极与顾客沟通。

3.2 教务处每学期进行一次顾客满意度调查,编制 QR 8.2.1-01-01《顾客意见调查表》,向顾客发放。

3.3 教务处秘书对调查表收集的结果进行统计分析,归口管理。

3.4 各相关部门采取相应的纠正和预防措施。

4 相关文件

   QR 8.2.1-01-01《顾客意见调查表》。

内审实施计划

审核目的和范围	目的:验证本学院教务处质量管理体系的符合性; 　　　验证本学院教务处质量管理体系是否有效实施; 　　　确定需要改进的问题点 范围:覆盖本学院的教学服务、质量管理体系活动的区域、覆盖质量管理体系包括ISO9001:2008标准所有内容
审核准则	ISO9001:2008《质量管理体系 要求》;本学院教务处编制的质量管理体系文件;有关的法律法规和行业要求
审核组成员名单	
审核时间	
内审日程安排	

编制/日期:　　　　　　　　　审核/日期:　　　　　　　　　批准/日期:

××学院教务处 作 业 文 件		文件编码	WD 8.2.2-01-02	
		版本	B	修改状态	1
名　称	审核检查表	页　码		1/1

审核检查表

审核日期		审核过程		涉及部门		部门负责人	
审核地点		审核人员				审核组长	

标准条款号	审核内容	审核方法	审核证据	评　价	
				符合	不符合

1 范围

为了全面提高教学质量,加强教学管理,有利于教学质量评估工作的开展,特制定本文件。

本办法适用于本学院教务处教学质量评估管理。

2 职责

2.1 学院督导组负责组织实施和总结,并归口管理。

2.2 各相关部门负责处理,并加以改进。

3 内容

3.1 评估对象为与教学直接相关的部门。

3.2 教学质量评估标准

3.2.1 教学准备工作

3.2.1.1 教学准备工作质量评估

a) 任课教师通过学院教师任课资格审查。

b) 教学大纲和课程简介完整规范。

c) 明确课程教学的目的、任务、内容、重点和难点,以及课程在专业中的地位、作用和教学要求。

d) 根据 WD 7.5.1-01-07《××课程教学大纲》,认真规范地填写 WD 7.5.1-01-09《××课程授课计划》,学时分配合理,且能够反映实验、上机等教学方式的学时分配。

e) 教材选用合理、符合 WD 7.5.1-07《××课程教学大纲》要求。

f) 有完整的教案,教案中能够体现教学内容的安排、重点、难点和学时分配。

g) 熟悉教学环境,准备好相关的教具、实验仪器和设备。

3.2.1.2 评估方法与时间

学院督导组在学期中期检查,系自查与教务处抽查相结合。

3.2.2 教学工作

3.2.2.1 课堂理论教学质量评估

a) 了解学生的学习情况,因材施教。

b) 教学方法注重启发思维,注意学生能力培养,解决学生学习的问题。

c) 作业及时并全部批改,并认真及时做好登记。

3.2.2.2 实践教学质量评估

a) 教学态度。

b) 指导实训课题、组织实训活动的教学能力。

c) 教学效果。

d) 批改实验报告认真负责。

3.2.2.3 评估方式

　　a) 学生主要从教学态度、教学能力和教学效果等三个方面来进行评议。

　　b) 督导组主要从备课、讲课、作业布置和批改,以及学生意见等方面进行评议。

　　c) 同行教师主要从教学态度、教学目标、教学内容、教学方法和教学效果等方面来评议。

　　由教务处统一部署,各系具体安排与组织,学生评议主要采用问卷调查的方式进行,院系领导、教务处领导、督导组专家主要采用随机听课的方式进行,同行教师主要采用听课、评课的方式进行,并由各教学单位汇总,于学期末报教务处。

　　学生的问卷评议由各系主任负责组织,具体由各班主任在测评时召开全班学生或部分学生会议,进行动员并指导学生认真填写教学质量评议表,对本学期该班的任课教师进行测评。为保证测评信度,各班至少组织 30 名学生参加测评,不足 30 人的班级全班学生参加。

3.2.3　课程考核工作

3.2.3.1　课程考核工作质量评估

　　a) 平时的作业、测验记录完整。

　　b) 命题符合 WD 7.5.1-07《××课程教学大纲》要求,体现本课程的基本概念、基本理论和基本技能,达到本课程的基本要求,语意明确。

　　c) 命题难易适当、重点突出,试卷分量适中,具有一定的信度、效度和区分度,能够考核学生运用知识的能力。

　　d) 试卷分数分布合理、书写清楚、符号规范、插图完整。

　　e) 评分标准正确、阅卷评分准确无误、得分合理。

3.2.3.2　课程考核评估方法与时间

　　各系检查本系任课教师所担任课程学生的平时作业、测验记录,于考试前交教务处;教务处组织人员考场巡视、组织专家分析评估试卷命题质量、答卷质量和阅卷质量,分别在考试中和考试前后进行。

3.2.4　实习

3.2.4.1　实习质量评估

　　a) 实习指导小组准备充分,组织有序,带队教师认真负责,严格管理。

　　b) 能正确熟练地处理实习中的疑难问题。

　　c) 注意培养学生科学的思维方法,以及观察、分析和解决实际问题的能力。

　　d) 注意加强学生动手能力的培养和基本功的训练。

　　e) 批改实习报告认真、负责、及时。

　　f) 注意安全教育,按教学计划要求及时组织学生返回学校。

3.2.4.2　实习评估方法与时间

　　各系在实习结束后,组织学生写实习总结。教务处将不定期抽查实习质量。

3.2.5　课程设计

3.2.5.1 课程设计质量评估

　　a) 课程设计目的明确,准备充分,组织有序,有符合教学大纲要求的指导书。

　　b) 认真指导,严格管理,明确规定每个学生需完成的设计内容和要求。

　　c) 能正确熟练地处理课程设计中的疑难问题。

　　d) 对学生严格要求,严格训练,坚持因材施教,使每个学生都能受到设计方法的初步训练。

　　e) 修改课程设计认真、负责、及时。

3.2.5.2 课程设计评估方法与时间

　　各系在课程设计结束后,组织学生填写学院课程设计质量评议表,并把总结交教务处。

3.2.6 毕业设计(论文)

3.2.6.1 毕业设计(论文)质量评估

　　a) 毕业设计(论文)目的明确,准备充分,组织有序,有符合教学大纲要求的指导书。

　　b) 选题适当,能够根据当前学科的发展趋势,结合社会、经济实践。

　　c) 毕业设计(论文)的内容能使学生全面综合运用所学知识,培养学生分析问题和解决问题的能力,以及创新精神。

　　d) 结合毕业设计(论文)指导学生用外文参考、阅读和翻译有关资料,或布置、要求和检查学生用外文写提要。

　　e) 答辩工作组织有序,评语客观,成绩公正合理。

3.2.6.2 毕业论文(设计)评估方法与时间

　　各系在毕业设计(论文)结束后,把统计结果和总结交教务处。

3.2.7 教材

3.2.7.1 教材选用质量评估

　　a) 选用国家、市获奖教材,统编教材,自编教材或讲义。

　　b) 选用教材符合教学大纲的要求。

　　c) 选用教材能够正确反映本门学科的科学理论,文字正确精练、流畅易懂,符合规范化要求。

　　d) 取材合适,内容的阐述循序渐进,富有启发性、适用性,符合培养能力、提高素质的要求。

3.2.7.2 教材选用评估方法与时间

　　在期中教学检查期间由教学督导组抽查评议。

3.3 评估结果

3.3.1 教学督导组将各项质量评估汇总归口。

3.3.2 教务处将在每学期的开学初公布上学期的评估结果。每学期的评估结果将作为教师的职称评定、聘任及各项评优、评奖和年终考核等的重要参考依据。

4 相关文件

    WD 7.5.1-01-07《××课程教学大纲》；

    WD 7.5.1-01-09《××课程授课计划》。

优秀课程评选指标体系

日期：＿＿＿年＿＿＿月＿＿＿日

评选项目(分)	评选标准(分)	评定分数
1. 课程类型(10)	1. 公共必修课或主干课程(10) 2. 限定选修课(5) 3. 专业基础课(8)	
2. 教学文件(20)	1. 教学管理制度、教学大纲、授课计划 2. 教学日志、教案等文件的齐全程度 　(分20分、15分、10分、5分四档)	
3. 教材(15)	1. 近三年高职高专专用教材(15) 2. 与职业资格证书配套的教材(12) 3. 近三年专科层次的教材(8)	
4. 主讲教师(15)	1. 职称(7) 2. 主持与本课程相关的科研项目数(4) 3. 发表与本课程相关的学术论文(4)	
5. 命题与考试(10)	1. 教、考分离(10) 2. 教、考不分离,但期末A、B卷符合教学大纲(8)	
6. 作业情况(5)	1. 作业量适中、合理,批改认真(5) 2. 作业量基本适中,部分批改(3)	
7. 授课质量(15)	1. 学生满意度评价适度满意、同行评价较满意(15) 2. 基本满意(10)	
8. 实践基地(10)	1. 实习基地或场所完善(10) 2. 实习基地或场所基本完善(8)	
合　　计		

1 范围

为进一步提高教学质量和办学效益,调动广大教师的教学积极性,提高课程教学质量,表彰并奖励在课程建设工作中成绩突出的个人和集体,特制定本文件。

本文件适用于本学院优秀课程评选管理。

2 职责

2.1 教务处负责优秀课程评选管理。

2.2 各系、各教研室、各学科组实施。

3 内容

3.1 评选范围和重点

优秀课程的评选范围是列入我校专业教学计划的主要课程。重点是对提高培养质量和实现培养目标贡献较大、影响较大、学时数较多的课程。

3.2 申报条件和评选标准

参加评选的课程,须经两年以上实践检验,教学效果较好;该课程所属专业的建立时间为 3 年以上且突出素质教育;其建设者必须坚持四项基本原则,教书育人,为人师表;主持人以外的主要合作者不得超过 5 人。

申报课程的建设状况应达到基础要求,即:

a) 有一个革新的、以本专业培养目标和培养规格为依据的、有特色的教学大纲;

b) 有一套完整的、根据培养目标和教学大纲要求自编或选用的合适教材,包括与之配套的辅助教材和参考资料;

c) 有一套效果良好的教学方法,以及严密、规范化的教学实施计划;

d) 有一套广泛运用、效果较好的现代化教学手段,以及能保证实践教学质量的实验室和稳定的校内外实习基地;

e) 有一套科学的、规范的、严格的考核制度,考核内容的深广度符合教学大纲要求;

f) 有师资队伍建设规划和培养青年教师、教学骨干以及学术带头人的计划和措施,已初步形成一支政治素质好、业务水平高、能高质量完成教学任务、职称结构和年龄结构合理的教师队伍,拥有两名以上具有高级职称的主讲教师。

3.3 申报校级优秀课程的材料

3.3.1 课程建设总结,内容主要包括该课程建设和改革的基本情况、理论依据、工作重点、显著特色、成果水平、实践效果、与国内同类型课程的比较等方面。报送一份书面材料和一份电子稿,格式为:

a) 文件名:可自定,用书面文字说明(可写在软盘标签上);

b) 第一行:该课程总结的题目(副标题:——××课程建设总结);

c) 第二行:建设者所在系以及教研室或组;

d) 第三行:建设者名单,包括主持人及其主要合作者;

　　e) 第四行起:总结内容的正文。

3.3.2　有关材料一套,包括教学文件(如本课程所属专业的教学计划、教学大纲、授课计划、教案等)、自编或参编的教材及参考资料(请选择有代表性的报送)、教学研究论文、获奖证书影印件、考试样卷、学生以及后续课程教师的评价意见等。

3.4　奖励办法

　　对评选出的校级优秀课程分别实行精神鼓励和物质奖励,发给证书和奖金。

4　相关文件

　　无。

1　范围

为了全面提高教学质量,加强教学工作的规范性,保证本学院的正常教学秩序,减少教学工作中各种事故的发生,并在一旦发生教学事故时得到妥善的处理,特制定本文件。

本办法适用于本学院对教学服务中发现的不合格服务和不合格品的处理。

2　职责

2.1　各部门负责不合格服务和不合格品的识别和报告、评审和处置;

2.2　本学院所有教职工均有识别和报告不合格服务和不合格品的义务和责任。

3　内容

3.1　教学事故

a) 教学活动中违背党的四项基本原则,违背教书育人的基本宗旨的言论。

b) 对学生实行体罚或使用侮辱性语言。

c) 任课教师未经学校职能部门和系准许而擅自停课、缺课、调课、迟到、早退,影响教学;教师在上课时随意使用手机。

d) 任课教师及其他人员考前泄露试题。

e) 监考人员未能及时到位而影响正常考试,未能严格执行考试规定而造成考场秩序混乱;监考教师发现学生作弊而不及时纠正、处理;监考教师漏收学生考卷。

f) 任课教师在考试结束后遗失学生试卷,不按评分标准阅卷,擅自提高、压低学生考试成绩;任课教师没有在规定的时间内报送成绩或试卷质量分析表。

g) 排课失误造成课程冲突;通知未到位造成无教师上课无监考老师到场;安排不当,造成考试冲突。

3.2　对教学事故的处理办法

3.2.1　一般教学事故,进行本系(部)通报批评,并在绩效奖中扣除适当奖金。

3.2.2　较严重的教学事故,对事故责任人扣发部分岗位津贴或课时费。

3.2.3　情节严重者,进行全校通报批评,扣发全年奖金,并给予相应的行政处分。

3.2.4　造成严重后果情节特别严重,视责任人认识程度,决定下一学年度是否解聘。

所有教学事故都作为年终考核评定、绩效奖、工资调整、职务聘任等有效的依据。

若事故责任人对事故的认定与处理有不同意见,允许在接到处理通知书之日起10天内向学校职能部门提出申诉。

4　相关文件

无。

1　范围

　　为了确定、收集、分析适当的数据,辅以适当的统计技术的应用,以证实质量管理体系的实用性、有效性,特制定本文件。

　　本文件适用于本学院对来自监视和测量的结果以及其他来源的数据的分析及其统计技术的应用。

2　职责

2.1　各有关部门负责本部门统计技术的选择与应用措施的实施;

2.2　管理者代表负责组织对使用统计技术的验证、检查以及推广工作。

3　内容

3.1　常用的统计方法及其应用

3.1.1　调查表用于数据的记录、搜集和累积,并可对数据进行整理和分析。

3.1.2　排列图用于寻找主要问题或影响问题的主要因素。

3.1.3　因果图用来分析问题造成的各种原因。

3.2　数据、数据分析和数据分析结果的利用

3.2.1　数据

　　a) 各部门收集质量目标考核的有关数据。

　　b) 管理者代表收集内审结果、纠正预防措施实施情况的结果。

3.2.2　数据分析

　　a) 有关部门对收集到的数据,采用数据汇总,并借用已确定的适用的统计技术进行统计。

　　b) 统计按项目或按性质、原因、程度等实施,以便于分析,寻找出需重点、关键控制的项目或原因以及某种形式的趋势性。

　　c) 分析时,应从横向或纵向的角度进行对比研究,确定业绩,找出不足和薄弱环节。

　　d) 应形成但不仅限于以下方面的分析材料:

　　—顾客满意分析报告

　　—产品要求符合性分析报告

　　—过程和产品特性趋势分析报告,报告应包括对采取预防措施机会的分析评价

3.2.3　数据分析结果的利用

　　应针对分析资料中总结的不足和薄弱环节以及相关的改进建议,认真查找原因,制定整改方案并落实措施,执行 PD 8.5.2-01《纠正措施程序》、PD 8.5.3-01《预防措施程序》的规定。

3.2.4　管理者代表负责对有关部门数据分析、统计技术使用情况的检查,并协助处理相关的问题。

4　相关文件

194

PD 8.5.2-01《纠正措施程序》；

PD 8.5.3-01《预防措施程序》。

××学院教务处 作 业 文 件		文件编码	WD 8.5.2-01-01	
		版本	B	修改状态	1
名　称	纠正措施评价报告	页　码	1/1	

1 范围

　　为了保证本学院教学质量管理体系有效运行,消除实际或潜在的不合格因素,特制定本文件。

　　本文件适用于学院教学质量管理体系运行中涉及的有关部门。

2 职责

2.1　教务处负责教学质量检查的信息和不合格项的收集,提出纠正措施。

2.2　有关部门负责制定不合格项的纠正措施。

3 内容

3.1　教务处将每次教学质量检查或评估中产生的不合格项及时通知各相关系部及直属教研室或职能部门。

3.2　各相关部门在收到不合格项通知后,对其进行认真的分析、研究和讨论,找出其产生的原因,并以此制定纠正措施,建立 QR 8.5.2-01-01《纠正措施改进实施记录》。

3.3　由于采取纠正措施而必须对某些体系文件加以修改或变更的,则按 PD 4.2.3-01《文件控制程序》中的相关规定进行。

3.4　教务处将相关部门 QR 8.5.2-01-01《纠正措施改进实施记录》,进行汇总、归类、研究和分析,提出质量管理体系的改进意见,同时将纠正措施的审核情况提交主管教学院长。

4 相关文件

　　PD 4.2.3-01《文件控制程序》;

　　QR 8.5.2-01-01《纠正措施改进实施记录》。

××学院教务处 作 业 文 件		文件编码	WD 8.5.2-01-02	
		版本 B	修改状态	1
名 称	纠正措施改进实施计划	页 码		1/1

1 范围

　　为了保证学院教学质量管理体系有效运行,消除实际或潜在的不合格因素,特制定本文件。

　　本文件适用于学院教学质量管理体系运行中涉及的有关部门。

2 职责

2.1 教务处负责制定纠正措施改进实施计划。

2.2 有关部门负责纠正措施的实施。

3 内容

3.1 教务处将相关部门 QR 8.5.2-01-01《纠正措施改进实施记录》,进行汇总、归类、研究和分析,提出质量管理体系的改进意见;

3.2 纠正措施资源要求:适宜的改进人员;其他必要的设施保证。

3.3 纠正措施改进实施结果,应进行必要的论证或试验,识别防止不合格再发生的证据。

4 相关文件

　　QR 8.5.2-01-01《纠正措施改进实施记录》。

××学院教务处 作 业 文 件		文件编码		WD 8.5.3-01-01	
		版本	B	修改状态	1
名　称	预防措施评价报告	页　码		1/1	

1　范围

为了保证学院教学质量管理体系有效运行,消除实际或潜在的不合格因素,特制定本文件。

本文件适用于学院教学质量管理体系运行中涉及的有关部门。

2　职责

2.1　教务处负责教学质量检查的信息和不合格项的收集,提出预防措施。

2.2　有关部门负责制定不合格项的纠正措施。

3　内容

3.1　教务处将每次教学质量检查或评估中产生的不合格项及时通知各相关系部及直属教研室或职能部门。

3.2　各相关部门在处理并纠正不合格项的同时,认真的分析产生不合格项的原因,并针对存在的不合格项的因素,制定预防措施,以防止可能出现的不合格项的发生。

3.3　各相关部门针对产生不合格项的原因中的共性问题,在定期的教职工大会上进行针对性的教育。

3.4　教务处将相关部门 QR 8.5.2-01-02《预防措施实施单》,进行汇总、归类、研究和分析,提出质量管理体系的改进意见,同时将预防措施的审核情况提交主管教学院长。

4　相关文件

QR 8.5.2-01-02《预防措施实施单》。

1　范围

　　为了保证学院教学质量管理体系有效运行,消除实际或潜在的不合格因素,特制定本文件。

　　本文件适用于学院教学质量管理体系运行中涉及的有关部门。

2　职责

2.1　教务处负责制定预防措施改进实施计划。

2.2　有关部门负责预防措施的实施。

3　内容

3.1　教务处将相关部门 QR 8.5.3-01-01《预防措施实施单》,进行汇总、归类、研究和分析,提出质量管理体系的改进意见;

3.2　预防措施的资源要求:适宜的改进人员;其他必要的设施保证。

3.3　预防措施改进实施结果,应进行必要的论证或试验,识别防止不合格再发生的证据。

4　相关文件

　　QR 8.5.3-01-01《预防措施实施单》。

××学院教务处

质量记录

编 码：

受控号(发放号)：

编 制： 年 月 日

审 核： 年 月 日

批 准： 年 月 日

文件控制评审表

_____学年度　第___学期

文件编码	文件名称	受控号	存在的问题	识别和处置	备注

××学院教务处 质 量 记 录		记录编码		QR 4.2.3-01-02	
		版本	B	修改状态	1
名 称	文件发放回收登记表	页 码		1/1	

文件发放回收登记表

序号	日期	部门	文件 编码	文件 名称	版号	发文登 记号	份数	领用人	回收人

文件更改申请表

部门_____

文件编码		文件名称		受控号	
更改项		页	更改内容涉及的相关部门		

原文内容：

更改内容：

更改申请理由：

部门负责人：

年　　月　　日

办公室审核意见：

主任(签名)：

年　　月　　日

学院领导审批意见：

签名：

年　　月　　日

文件更改通知单

部门＿＿＿＿＿＿＿　　　　　　　　　　　　　　　　　　　年　　月　　日

文件编码		文件名称		受控号	
更 改 性 质					
更 改 内 容					
更 改 方 式					
备 注					

文件销毁、保留登记表

序号	文件编码	文件名称	销毁或保留	日期	登记签名

××学院教务处 质 量 记 录		记录编码		QR 4.2.3-01-06	
		版本	B	修改状态	1
名 称	文件借阅登记表	页 码		1/1	

文件借阅登记表

序号	日期	部门	文件编码	文件名称	利用目的	期限	借阅人	归还日期	备注

记录更改申请表

部门_____

记录编码		记录名称		受控号	
更改项		页	更改内容涉及的相关部门		

原记录内容：

更改内容：

更改申请理由：

部门负责人：
年　　月　　日

办公室审核意见：

主任(签名)：
年　　月　　日

学院领导审批意见：

签名：
年　　月　　日

备注	附:设计的新表格式

×× 学院教务处 质 量 记 录		记录编码		QR 4.2.4-01-02	
		版本	B	修改状态	1
名 称	记录销毁、保留登记表	页 码		1/1	

记录销毁、保留登记表

记录编码	记录名称	受控号	保存期限	销毁、保留	登记签名	日期

岗位质量目标考核记录

_____学年度　第____学期　姓名：_____

考核项目	考核内容	评分标准	评分

聘用人员登记表

姓名		性别		出生年月			民族		籍贯	
学历		毕业院校			职称		现任职务			

本人简历	工 作 单 位 （学 校）	职 务	证明人

部门意见	
	签名： 　　　年　　月　　日

分管院长意见	
	签名： 　　　年　　月　　日

院长意见	
	签名： 　　　年　　月　　日

210

设计和开发评审记录

项目名称		设计和开发人员	

评价设计和开发结果：

教务处负责人：
年　月　日

识别问题：

教务处负责人：
年　月　日

改进措施：

教务处负责人：
年　月　日

设计和开发验证记录

项目名称		设计和开发人员	

评价设计和开发输入：

    a）新专业、新课程、新服务项目的质量要求

    b）顾客（学生、家长、用人单位）的要求

    c）相关的法律、法规和国家教育主管部门要求

    d）资源、需求

教务处负责人：
年　　月　　日

识别问题：

教务处负责人：
年　　月　　日

新教育服务设计调整：

办公室负责人：
年　　月　　日

设计和开发确认记录

项目名称		设计和开发人员	

教育和试验：

项目负责人：

年 月 日

顾客（学生、家长、用人单位）对新教育服务试验的意见：

办公室负责人：

年 月 日

确认结果：

办公室负责人：

年 月 日

引发的措施：

项目负责人：

年 月 日

设计更改记录

项目名称		更改日期	
设计和开发人员			

原设计内容：

项目负责人：

年 月 日

更改后设计内容：

项目负责人：

年 月 日

相关部门意见：

部门负责人：

年 月 日

设计更改申请表

项目名称		设计和开发人员	

原设计内容：

更改内容：

更改原因：

更改性质：

项目负责人：
年　月　日

办公室审核意见：

办公室负责人：
年　月　日

学院领导审批意见：

院长：
年　月　日

设计更改评审记录表

序号	项目编号	项目名称	负责人	更改评审结果	引发的措施	评审时间

216

设计和开发台账

序号	项目编号	项目名称	负责人	设计和开发过程中的更改	设计和开发后实施的更改	引发的措施	评审时间

教学管理综合信息一览表

_____专业

课程类型	课程编号	课程名称	学分	总学时	学期						任课老师	社会及学生对教学内容的新需求
					一	二	三	四	五	六		
公共必修												
专业必修												
专业选修												
实践活动												
毕业论文												
指导老师												

××学院教务处 质 量 记 录		记录编码	QR 7.5.1-01-02		
		版本	B	修改状态	1
名 称	教学考核月报表	页 码		1/1	

教学考核月报表

_____专业_____学年度 第___学期

课程 名称	教材名称	任课教师	教学内容增减	教研活动		平均成绩	备 注
				内容	日期		

教师任课通知单

_____老师：

经研究决定,请您在_____学年第____学期担任以下教学工作。周课时____节,全学期教学____周,共计____课时。

请您拟出授课计划一式二份,在开学前一周交教研室主任。

班级	课程	周课时	上课周数	总课时

_____学院教务处

年　　月　　日

220

调课通知单

_____老师：

　　您的_____课程原上课时间_____年____月____日（上午、下午）____

时____分，现调到_____年____月____日（上午、下午）____时____分在

_____班级、____教室上课。

　　特此通知。

_____学院教务处

年　　月　　日

××学院

教 学 日 志

_____学年度　第____学期

课程名称:_____

专　　　业:_____

班　　　级:_____

任课教师(签名):_____

教学日志

周次	日　期	按课章节和内容摘要　学时数	作　业	备注

××学院

听 课 记 录

_____学年度　第____学期

部　　　门：_____

教 师 姓 名：_____

听课记录

班级		课程			执教教师	
课题		上课地点		上课时间	年　　月　　日第　　节	

听课笔记：

序号	项目	内　　容	评分标准	评分
一	课堂教学	1. 教学目标、任务明确,授课内容符合大纲要求; 2. 讲课内容正确,条理清楚,教学严谨,突出重点,学生思维积极,课堂气氛活跃; 3. 教态自然亲切,语言准确生动,讲普通话,版书清楚规范,演示熟练、正确; 4. 教学内容、方法有改革举措,注重理论与实际相结合,采用多媒体教学手段	满分40	
二	实践教学	1. 能按教学大纲的要求,制定学科的试验、实践环节的教学计划; 2. 注重培养学生动手操作和制定设计(工艺)方案、撰写调查报告(论文)等实际能力; 3. 有实践工作经历,实践知识丰富,指导带教的组织能力强,教学效果好		
三	备课辅导布置作业	1. 教案优秀,教学方法设计周密,重点、难点安排适当,课后小结齐全; 2. 作业设计合理,批改认真,讲评及时,辅导耐心	满分20	
四	教学效果	1. 学生对教师讲课内容听得懂、能理解、掌握牢,学习成绩明显提高; 2. 学生对该任课教师的教学工作总体感觉好	满分20	
五	管教管导	1. 善于发挥本课程的德育功能,结合教学经常对学生进行思想政治教育,方法多样,效果好; 2. 热爱、关心学生,对学生亲切、和蔼、耐心,师生关系融洽; 3. 班级课堂纪律好	满分20	
合　　计			100	

听课评语:

听课教师(签名):_____

检查表

_____学年度第_____学期_____系_____教研室_____教师

项目	工 作 情 况					
教学进度	如期执行		超前		滞后	节
备课余量	1周以上		1周		接近1周	没有余量
教案首页	完整		缺1项		缺2项	缺2项以上
教案类型	详案		简案		讲义	
布置作业	每次布置		不定期		不布置	
批改作业	全批		选批		不批	
实验次数	按大纲应开设次数			实际开设次数		

听课意见与抽查情况评定	教研室意见	
		(签名) 年 月 日
	系主任意见	
		(签名) 年 月 日
	督导组意见	
		(签名) 年 月 日
备 注		

注:"项目"后各栏请在符合实际情况的空格内打"√"。

考核课程考评方式变动申请书

课程名称		班级		任课教师	
考试方式		考试时间		考试地点	

申请理由	任课教师(签名)： 年　月　日
教研室审批	教研室主任(签名)： 年　月　日
系主任审批	系主任(签名)： 年　月　日
备注	

考场一览表

考试日期_____时间_____主考_____ _____学年度第____学期

试场号	考试地点	班级	课程名称	监考老师	备注

制表：   年   月   日   审核：   年   月   日

××学院教务处 质量记录		记录编码	QR 7.5.1-01-10	
		版本	B	修改状态	1
名　称	试场记录	页　码	1/1	

试场记录

主考人：_____　监考人：_____　考试日期：　　年　月　日

课程		班级		考试 地点		考试 时间	
应考 人数		实考 人数		缺考 人数		缺考人 姓名	

	时　　间	30～35 分钟	35～60 分钟	60 分钟～结束铃响
	交卷情况	有　人	有　人	有　　人
考 试 情 况 记 录				
监考人签名				

单科成绩表

专业_____ 班级_____ 课程_____

序号	学号	姓名	平时成绩	期中成绩	期末成绩	学期总评	备注

任课教师(签名)：

学生成绩表

_____学年度第____学期

专业		班级		姓名		学号	
课程		平时成绩	期中成绩		期末成绩		学期总评

学期总课时		节	病假	节	事假	节	旷课	节	共缺勤	节

在校情况	
	班主任(签名)： 　　　年　月　日
备注	

232

成绩更改通知单

_____学年度第____学期

系别		专业		班级	
学生姓名		学号		课程名称	
成绩情况	平时成绩	期中成绩		期末成绩	期末总评
原成绩					
更改后成绩					

系、教研室主任(签名)：

年　　月　　日

233

毕业设计、毕业论文选题登记表

_____级_____专业

序号	班级	学号	姓名	课题名称

毕业设计(论文)指导记录

指导教师姓名:＿＿＿＿＿＿＿＿＿　　　职称:＿＿＿＿＿＿＿＿＿＿

次数	指导时间	指导形式 (当面或其他形式)	指 导 具 体 内 容
1			
2			
3			
备注			

指导教师(签名):＿＿＿＿＿＿＿＿　　学生签名:＿＿＿＿＿＿＿＿

　　　　　　　　　　年　　月　　日　　　　　　　　　年　　月　　日

推荐优秀毕业设计〔论文〕意见	

推荐教师(签名):＿＿＿＿＿＿＿＿

年　　月　　日

毕业设计(论文)初评意见

学生姓名		指导教师姓名		职称	
初评项目	初评要求			项目比重(%)	评分
论文内容	选题恰当,能运用所学知识和掌握技能讨论本学科相关问题;设计科学,思维清晰,论据充分,数据可靠,资料齐全;难易程度和工作量符合教学要求			30	
观点见解	对所研究问题能提出独特见解,有一定深度,并能提出具体的实施方案			20	
文字格式	语言得体,文理通顺,结构严谨,无错句、病句,有中英文摘要和关键词,有文献综述,能按要求打印和提交论文稿			15	
知识掌握工作能力	基础知识扎实,基础理论理解准确;综合分析和解决问题能力强			15	
资料收集工作态度	资料充实、出处清楚;论文过程认真,能按时完成毕业设计(论文)			20	

指导教师评语:

指导教师初评成绩:＿＿＿＿＿＿＿＿

指导教师(签名):＿＿＿＿＿＿＿＿　　　　　　　　＿＿＿＿＿年＿＿＿月＿＿＿日

指导教师对论文评语主要涉及:

1. 选题是否妥当,分析问题是否严密正确,论据是否充分,涉及的计算或实验是否可靠无误;

2. 是否有新意或有应用性的价值;

3. 存在不足

毕业设计(论文)抽样评阅意见:

成绩评定:＿＿＿＿＿＿＿＿　　　　　　　　　评阅教师签名:＿＿＿＿＿＿＿＿

　　　　　　　　　　　　　　　　　　　　年　　月　　日

毕业设计(论文)答辩评定记录

<table>
<tr>
<td rowspan="6">答
辩
过
程</td>
<td colspan="1">一、学生论文报告叙述情况评价:(选题恰当,能运用所学知识和技能研讨本学科相关问题。论文重点突出,叙述清楚,有观点、有论据,数据可靠正确,有一定的研究深度,并能应用于实践)</td>
</tr>
<tr><td>提问1:</td></tr>
<tr><td>提问2:</td></tr>
<tr><td>提问3:</td></tr>
<tr><td>二、学生回答问题叙述情况评价:(是否突出重点,条理清楚,有观点)</td></tr>
</table>

答辩小组对论文及答辩过程的综合评价:

综合成绩评定:_____

答辩小组签名:
答辩教师(签名):_____ _____ _____
主答辩教师(签名):_____   _____年_____月_____日

毕业设计(论文)成绩评定形式:
　　答辩结束后,由答辩主持人组织答辩教师对学生答辩过程进行评议,根据毕业设计(论文)成绩评定标准及学生的答辩情况,给出答辩成绩。

<table>
<tr>
<td>指
导
委
员
会
意
见</td>
<td>

　　　　院毕业设计(论文)指导委员会代表(签名):

　　　　　　　　　　　　　　　　　　　　　　年　　月　　日</td>
</tr>
</table>

××学院教务处 质　量　记　录		记录编码	QR 7.5.1-03-01	
		版本	B	修改状态	1
名　称	毕业生实习鉴定表	页　码	1/1	

毕业生实习鉴定表

姓名		性别		专业(班级)			
实习单位			部门		电话		
实习时间	从　　年　　月　　日　　到　　年　　月　　日						

实习鉴定意见：

评分：　　　　　　　　　　　　　　　　　　　　　　　　　　　单位负责人：

带教老师签名：　　　　　　　　　　　　　　　　　　　　　　　（公章）：

　　　　　　　　　　　　　　　　　　　　　　　　　　　　年　　月　　日

　　注:(1) 本表一式二份:一份归入学生档案,一份归入学校成绩档案。
　　　　(2) 本表一律用黑色钢笔填写。

顾客意见调查表

班级_____ 　　　　　　　　调查日期_____年____月____日

序号	项目	参照标准（A）	任课教师				
一	课堂教学	1. 教学态度亲切、耐心、语言生动； 2. 教学方法有创新，善于启发引导学生，举例生动有吸引力； 3. 教学组织严密，讲授思路清晰，层次分明，重点突出； 4. 教具使用合理，示教形象，版书工整，很有条理					
二	实践教学	1. 注重培养学生的动手操作和制定设计（工艺）方案、撰写调查报告（论文）等实际能力； 2. 实践环节的带教、指导与组织管理优良，经验丰富，教学效果显著					
三	备课辅导作业考核	1. 作业设计合理，份量适当，批改认真，讲评及时； 2. 对学生答疑辅导热情、耐心，效果好； 3. 试卷命题难易适度，题量适当，批阅试卷严格掌握评分标准					
四	教学效果	1. 学生对教师讲课内容听得懂、能理解、掌握牢，学习成绩明显提高； 2. 学生对该任课教师的教学工作总体感觉好					
五	管教管导	1. 善于发挥本课程的德育功能，结合教学经常对学生进行思想政治教育，方法多样，效果好； 2. 热爱、关心学生，对学生亲切、和蔼、耐心，师生关系融洽； 3. 班级课堂纪律好					

注：1. 本表采用无记名形式，班级和任课教师姓名要填写清楚；
　　2. 参照标准（A）内涵评级，按五个等第15级填写空格。

五等	好			较好			一般			较差			差		
15级	A+	A	A−	B+	B	B−	C+	C	C−	D+	D	D−	E+	E	E−
	100	95	90	89	83	76	75	68	60	59	45	30	29	15	0

顾客意见测量统计表

班级_____ 调查日期_____年___月___日

序号	项目	参照标准(A)	任课教师平均分数			
一	课堂教学	1. 教学态度亲切、耐心,语言生动; 2. 教学方法有创新,善于启发引导学生,举例生动有吸引力; 3. 教学组织严密,讲授思路清晰,层次分明,重点突出; 4. 教具使用合理,示教形象,版书工整,很有条理				
二	实践教学	1. 注重培养学生的动手操作和制定设计(工艺)方案、撰写调查报告(论文)等实际能力; 2. 实践环节的带教、指导与组织管理优良,经验丰富,教学效果显著				
三	备课辅导作业考核	1. 作业设计合理,份量适当,批改认真,讲评及时; 2. 对学生答疑辅导热情、耐心,效果好; 3. 试卷命题难易适度,题量适当,批阅试卷严格掌握评分标准				
四	教学效果	1. 学生对教师讲课内容听得懂、能理解、掌握牢,学习成绩明显提高; 2.学生对该任课教师的教学工作总体感觉好				
五	管教管导	1. 善于发挥本课程的德育功能,结合教学经常对学生进行思想政治教育,方法多样,效果好; 2. 热爱、关心学生,对学生亲切、和蔼、耐心,师生关系融洽; 3. 班级课堂纪律好				

注:1. 本表采用无记名形式,班级和任课教师姓名要填写清楚;

2. 参照标准(A)内涵评级,根据 QR8.2.1-01-01《顾客意见调查表》汇总计算,按五个等第15级填写空格。

五等	好			较好			一般			较差			差		
15级	A+	A	A-	B+	B	B-	C+	C	C-	D+	D	D-	E+	E	E-
	100	95	90	89	83	76	75	68	60	59	45	30	29	15	0

顾客满意测量公报

调查日期＿＿＿＿年＿＿月＿＿日

序号	项目	参照标准（A）	全体任课教师平均分数
一	课堂教学	1. 教学态度亲切、耐心，语言生动； 2. 教学方法有创新，善于启发引导学生，举例生动有吸引力； 3. 教学组织严密，讲授思路清晰，层次分明，重点突出； 4. 教具使用合理，示教形象，版书工整，很有条理	
二	实践教学	1. 注重培养学生的动手操作和制定设计（工艺）方案、撰写调查报告（论文）等实际能力； 2. 实践环节的带教、指导与组织管理优良，经验丰富，教学效果显著	
三	备课辅导作业考核	1. 作业设计合理，份量适当，批改认真，讲评及时； 2. 对学生答疑辅导热情、耐心，效果好； 3. 试卷命题难易适度，题量适当，批阅试卷严格掌握评分标准	
四	教学效果	1. 学生对教师讲课内容听得懂、能理解、掌握牢，学习成绩明显提高； 2. 学生对该任课教师的教学工作总体感觉好	
五	管教管导	1. 善于发挥本课程的德育功能，结合教学经常对学生进行思想政治教育，方法多样，效果好； 2. 热爱、关心学生，对学生亲切、和蔼、耐心，师生关系融洽； 3. 班级课堂纪律好	

注：参照标准（A）内涵评级，根据 QR8.2.1-01-02《顾客意见测量统计表》计算，按五个等第15级填写空格。

五等	好			较好			一般			较差			差		
15级	A+	A	A-	B+	B	B-	C+	C	C-	D+	D	D-	E+	E	E-
	100	95	90	89	83	76	75	68	60	59	45	30	29	15	0

××学院教务处 质 量 记 录		记录编码	QR 8.2.2-01-01	
		版本	B	修改状态	1
名 称	首次、末次会议记录	页 码		1/1

首次、末次会议记录

序号	内审项目	首次会议记录_____年_____月_____日	末次会议记录_____年_____月_____日
		出席人员：	出席人员：
一	教师工作		
二	教研室工作		
三	教学管理		
四	教务工作		
备 注			

内部审核报告

日期_____年____月____日

序号	内审项目	内 部 审 核 总 结
一	教师工作	
二	教研室工作	
三	教学管理	
四	教务工作	
备 注		不合格报告单列为报告的附件。

学期质量考核汇总表

考核日期_____年___月___日

序号	项目	参照标准（A）	平均分数
一	课堂教学	1. 教学目标、任务明确，授课内容符合大纲要求； 2. 讲课内容正确，条理清楚，教学严谨，突出重点，学生思维积极，课堂气氛活跃； 3. 教态自然亲切，语言准确生动，讲普通话，版书清楚规范，演示熟练、正确； 4. 教学内容、方法有改革举措，注重理论与实际相结合，采用多媒体教学手段	
二	实践教学	1. 能按教学大纲的要求，制定学科的试验、实践环节的教学计划； 2. 注重培养学生动手操作和制定设计（工艺）方案、撰写调查报告（论文）等实际能力； 3. 有实践工作经历，实践知识丰富，指导带教的组织能力强，教学效果好	
三	备课辅导作业考核	1. 教案优秀，教学方法设计周密，重点、难点安排适当，课后小结齐全； 2. 作业设计合理，批改认真，讲评及时，辅导耐心； 3. 具有独立命题能力，试卷符合教学大纲要求，批阅试卷严格掌握评分标准	
四	教学效果	1. 根据教学大纲要求，学生对本课程的基础理论知识能牢固掌握，学习成绩明显提高； 2. 学生对本课程的实验、实习基本技能熟练掌握； 3. 学生对本课程的学习态度认真，分析、解决问题的能力、专业水平和工作能力明显提高	
五	管教管导	1. 善于发挥本课程的德育功能，对学生进行思想政治教育，经常分析班级情况，主动做学生工作； 2. 自觉教书育人，热爱、关心学生，师生关系融洽，教育效果好； 3. 担任班主任工作认真负责，所任班级获校级以上集体荣誉称号	
六	教研、科研活动	1. 积极参加校内、校际的各类教研、科研活动，有较强的改革创新意识和教研、科研能力，在活动中起骨干作用； 2. 能主动承担学校、局、市的教研和科研课题，有显著成绩； 3. 在公开教学中能起示范和指导作用	
七	教务工作	1. 做好开学准备工作、教学常规工作、学期的结束工作； 2. 做好上级布置的各种统计报表工作； 3. 收集、整理、装订好每学期教学文件及教务工作中所形成的档案资料	

注:考核时参照标准（A）内涵评级，按五个等第15级填写空格。

五等	好			较好			一般			较差			差		
15级	A+	A	A-	B+	B	B-	C+	C	C-	D+	D	D-	E+	E	E-
	100	95	90	89	83	76	75	68	60	59	45	30	29	15	0

教育服务质量周评定表

部门_____负责人_____　　　　　　　日期_____年___月___日

序号	项目	参照标准（A）	评定分数
一	课堂教学	1. 教学目标、任务明确，授课内容符合大纲要求； 2. 讲课内容正确，条理清楚，教学严谨，突出重点，学生思维积极，课堂气氛活跃； 3. 教态自然亲切，语言准确生动，讲普通话，版书清楚规范，演示熟练、正确； 4. 教学内容、方法有改革举措，注重理论与实际相结合，采用多媒体教学手段	
二	实践教学	1. 能按教学大纲的要求，制定学科的试验、实践环节的教学计划； 2. 注重培养学生动手操作和制定设计（工艺）方案、撰写调查报告（论文）等实际能力； 3. 有实践工作经历，实践知识丰富，指导带教的组织能力强，教学效果好	
三	备课辅导作业考核	1. 教案优秀，教学方法设计周密，重点、难点安排适当，课后小结齐全； 2. 作业设计合理，批改认真，讲评及时，辅导耐心； 3. 具有独立命题能力，试卷符合教学大纲要求，批阅试卷严格掌握评分标准	
四	教学效果	1. 根据教学大纲要求，学生对本课程的基础理论知识能牢固掌握，学习成绩明显提高； 2. 学生对本课程的实验、实习基本技能熟练掌握； 3. 学生对本课程的学习态度认真，分析、解决问题的能力、专业水平和工作能力明显提高	
五	管教管导	1. 善于发挥本课程的德育功能，对学生进行思想政治教育，经常分析班级情况，主动做学生工作； 2. 自觉教书育人，热爱、关心学生，师生关系融洽，教育效果好； 3. 担任班主任工作认真负责，所任班级获校级以上集体荣誉称号	
六	教研、科研活动	1. 积极参加校内、校际的各类教研、科研活动，有较强的改革创新意识和教研、科研能力，在活动中起骨干作用； 2. 能主动承担学校、局、市的教研和科研课题，有显著成绩； 3. 在公开教学中能起示范和指导作用	
七	教务工作	1. 做好开学准备工作、教学常规工作、学期的结束工作； 2. 做好上级布置的各种统计报表工作； 3. 收集、整理、装订好每学期教学文件及教务工作中所形成的档案资料	

注：考核时参照标准（A）内涵评级，按五个等第15级填写空格。

五等	好			较好			一般			较差			差		
15级	A+	A	A−	B+	B	B−	C+	C	C−	D+	D	D−	E+	E	E−
	100	95	90	89	83	76	75	68	60	59	45	30	29	15	0

不合格报告单

部门：　　　　　　　　　　　　　　　　　　　年　月　日

项目	不　合　格　事　实
服务提供过程的不合格服务	
顾客意见和投诉	
备注	

××学院教务处 质 量 记 录		记录编码		QR 8.3-01-02	
		版本	B	修改状态	1
名 称	不合格记录	页 码		1/1	

不合格记录

日 期	部 门	不 合 格 事 实

××学院教务处 质 量 记 录		记录编码		QR 8.3-01-03	
		版本	B	修改状态	1
名　称	不合格服务及不合格品汇总表	页　码		1/1	

不合格服务及不合格品汇总表

年　　月　　日

日期	部门	不合格服务	不合格品	备注

纠正措施改进实施记录

部门		相关岗位		记录人		日期	

纠正措施项：

不合格项来源简述：

产生不合格项的原因：

采取的纠正措施：

纠正措施结果：

对体系文件的影响：

部门负责人审核意见：

　　　　　　　　　　　　　　　　　　　　　　　　　　　签名：

　　　　　　　　　　　　　　　　　　　　　　　　　　　日期：

办公室审核意见：

　　　　　　　　　　　　　　　　　　　　　　　　　主任(签名)：

　　　　　　　　　　　　　　　　　　　　　　　　　日期：

预防措施实施单

部门		相关岗位		记录人		日期	

纠正措施项：

不合格项的原因：

采取的预防措施(或对体系文件进行更改建议)：

部门负责人审核意见：

签名：

日期：

办公室审核意见：

主任(签名)：

日期：

250

参 考 文 献

[1] 沈以华,孙欣欣,刘艳等.职业技术院校质量管理体系实用指南[M].北京:人民交通出版社,2003.

[2] 袁永华,曲中兵,韩英.职业技术学院实施 2000 版 ISO9001 标准经典案例[M].北京:中国标准出版社,2004.

[3] 洪生伟.教育服务质量管理体系[M].北京:中国计量出版社,2004.

[4] 赵金玉.学校实战 2000 版 ISO9001 标准[M].北京:中国计量出版社,2005.

[5] 中国认证人员与培训机构国家认可委员会.质量管理体系认证咨询师培训教程[M].北京:中国计量出版社,2005.

[6] 林珊君.高等职业学院实施 ISO9001:2000 标准[J].江苏教育学院学报,2007,(2):139~142.

[7] 林珊君.教学管理应用 ISO9001:2000 标准[M].上海:东华大学出版社,2008.